超越表象的邏輯

重建思維架構

從事物核心解析問題

為每一個難題找到最佳答案

深入事物本質,提升決策能力｜成為複雜世界中的「聰明人」
找到解決問題的最佳路徑｜以理智應對變化,打造長期優勢

解鎖成長的關鍵,提升核心競爭力

慕白 著

目錄

序言　提升思維層級，解決根源問題

第一章　底層邏輯與邏輯的思辨
　邏輯是什麼，有什麼用……………………………012
　底層邏輯的概念及內涵……………………………014
　底層邏輯是本質的，同時也是相對的……………017
　變的是觀點，不變的是邏輯………………………020
　普通人找方法，聰明人找邏輯……………………022

第二章　底層邏輯是最清醒的思考方式
　為什麼你被騙，還不願意相信真相？……………026
　共享事物的底層邏輯………………………………029
　「有道理」不代表你做得對………………………032
　在 How 之前，先找到 Why………………………034
　建構「金字塔思維結構」…………………………037
　藉助類比思維，釐清邏輯關係……………………040
　橫向思考，打破邏輯局限…………………………043

目錄

見樹木，亦要見森林……………………………045

掌握底層邏輯，做複雜世界的明白人…………048

第三章　學習與認知的底層邏輯

學習是一輩子的事，不學行不行……………054

授人以魚，不如授人以漁……………………056

生活方式決定了你的認知程度………………059

在知識「投餵」時代保持清醒………………062

深度思考帶來深度認知………………………065

從認知世界到認知自我………………………067

無所不能就是無所能…………………………070

他人，於我而言是什麼………………………072

固執背後，是你的低度認知…………………076

第四章　職場生存的底層邏輯

工作原動力是真正的熱愛……………………080

努力就一定能取得好結果嗎？………………083

能力是你職場生存的底氣……………………085

躺平不能真正對抗競爭………………………088

你有職場拖延症嗎？…………………………090

職場人的核心思維 ──「老闆思維」⋯⋯⋯⋯094
和上司處理好關係的邏輯⋯⋯⋯⋯⋯⋯⋯097
管理自己，影響他人⋯⋯⋯⋯⋯⋯⋯⋯⋯099
唯有變化才是永恆不變的⋯⋯⋯⋯⋯⋯⋯103

第五章　合作與溝通的底層邏輯

團隊的底層邏輯：雙贏＋分工＋合作⋯⋯108
合作的核心是價值交換⋯⋯⋯⋯⋯⋯⋯⋯111
溝通的底層邏輯：同頻共振⋯⋯⋯⋯⋯⋯113
溝通的基礎是信任⋯⋯⋯⋯⋯⋯⋯⋯⋯⋯117
高效溝通離不開「編碼」和「解碼」⋯⋯119
分歧性溝通：避免陷入爭執⋯⋯⋯⋯⋯⋯122
批評：寬容比懲戒更有效⋯⋯⋯⋯⋯⋯⋯125
說服的本質是自我說服⋯⋯⋯⋯⋯⋯⋯⋯127

第六章　自我成長的底層邏輯

個人成長需要一套可靠的邏輯⋯⋯⋯⋯⋯132
看懂人生成長曲線圖⋯⋯⋯⋯⋯⋯⋯⋯⋯134
生命的密碼：與熵增對抗⋯⋯⋯⋯⋯⋯⋯137
站在現在，安排未來⋯⋯⋯⋯⋯⋯⋯⋯⋯140

目　錄

　　堅持的動力來自哪裡？ ……………………………143

　　有比較，才有進步 …………………………………146

　　成長需要「破舊立新」 ……………………………148

　　對舒適圈：跳出 or 擴大？ ………………………151

　　你的底氣源自自我悅納 ……………………………153

第七章　情緒梳理的底層邏輯

　　你控制情緒，還是情緒控制你 ……………………158

　　你可以「殺死」焦慮 ………………………………161

　　與敏感和諧共處 ……………………………………164

　　在腦子裡裝一個「調壓閥」 ………………………166

　　真正的自信是勇氣 …………………………………169

　　幸福＝效用／期望 …………………………………172

第八章　關係躍遷的底層邏輯

　　經營人脈圈，加快成功過程 ………………………176

　　先讓自己變得值錢 …………………………………179

　　「利他」是利己的底層邏輯 ………………………182

　　有邊界感，是對自己和他人的尊重 ………………185

　　建立回報思維，做可靠的人 ………………………188

好感會帶來好感⋯⋯⋯⋯⋯⋯⋯⋯⋯⋯⋯⋯⋯⋯⋯⋯190

　　愛情的邏輯就是不講邏輯⋯⋯⋯⋯⋯⋯⋯⋯⋯⋯⋯193

第九章　重建底層邏輯的五條實作法則

　　法則一：獨立思考，避免進入「回聲室」⋯⋯⋯⋯198

　　法則二：用「思維模型」解讀世界⋯⋯⋯⋯⋯⋯⋯201

　　法則三：提升自我暗示的積極影響⋯⋯⋯⋯⋯⋯⋯204

　　法則四：更迭有偏差的價值觀⋯⋯⋯⋯⋯⋯⋯⋯⋯208

　　法則五：做好時間管理，提升工作效率⋯⋯⋯⋯⋯211

目錄

序言
提升思維層級，解決根源問題

「聽過很多道理，卻依然過不好這一生。」這是一部電影裡的一句臺詞。這句話引起了無數人的共鳴。我們每天都主動或被動地被網路、書籍以及身邊人灌輸各式各樣的「大道理」。但這種碎片化的知識接收，只是讓我們誤認為自己聽到即懂得了很多道理。

實際上，這樣的「道理」多半無用。

從「聽」到「懂」要經歷一個複雜的思維過程。那些「心靈雞湯」往往只停留在人們的淺層認知中，很多時候我們並未深層次探究道理背後的原理以及傳達的深意。結果，我們就停留在了「聽過很多道理，自以為懂得很多道理，卻依然過不好這一生」的尷尬境地裡。

思維是有層次的。真正優秀的人，不是他學習了多少書本知識、聽過多少人生道理，而是他掌握了真正的思考方法，提升了思維層次。如果只是在低層次（從外界和行動的層面）上思考，並不能真正解決問題。從低層次的思維模式，逐層向上探究高層次的思維模式，透過這樣一種深入過程，將思維的層次提高，才有可能挖掘出問題的關鍵所在。

序言　提升思維層級，解決根源問題

　　有的人抱怨：現在實體店生意太難做了，都是因為無處不在的網際網路。但實際上不是實體店的生意不好做，只是你的實體店生意不好做。就像前些年，絕大多數手機外觀都很醜，可是小米公司卻推出了又便宜、又好用、又漂亮的手機，成功地贏得了消費者的青睞。而這也讓其他手機業者開始重新思考消費者的需求，至此它們才發現：物美價廉是消費者永恆的需求，而消費者的需求才是商家的最高追求。

　　事實上，我們人生中的每一次迷茫、遭遇的困境，多半是因為自己站得不夠高、想得不夠多。只有將我們的思維提升到一個新的高度，才可能從眼下的困局中跳脫出來，以一種有別於之前的方式來看待問題。一旦我們看清了事實的真相，那麼走出迷茫、改變現狀也就成了水到渠成、順勢而為的事情了。

　　這正是出版本書的初衷和意義。底層邏輯，就是從事物的底層、本質出發，尋找解決問題路徑的一種思維方法。我們出版這本書，就是希望幫助你俯瞰這個世界，透過不變的底層邏輯，動態地、持續地看清事物、現象的本質，進而實現自我提升。

第一章
底層邏輯與邏輯的思辨

　　世間一切事物的運轉，都有賴於其背後的基本原則或規律。這個原則或規律，就是事物的底層邏輯。找到它，並能運用它，那麼任何環境下你我皆能不焦慮、不偏頗、不迷失，輕鬆搞定一切。

第一章　底層邏輯與邏輯的思辨

邏輯是什麼，有什麼用

邏輯是什麼？

簡單說，邏輯，就是人類的思維規律。具體說，就是有條理、有根據地分析和推理事物，表達自己觀點的思維過程。就像黑格爾（Georg Hegel）在其《邏輯學》（Science of Logic）中認為的那樣：邏輯是一切思考的基礎。邏輯思維能力直接決定了一個人觀察分析、推理判斷、理解概括的能力。

舉個簡單的例子：兩個人在街上偶遇，一個人為了顯示自己博學，用充滿自信的口氣跟對方說：「所有動物都會奔跑。」另一個人反駁道：「如果所有動物都會奔跑，那麼鯊魚也會奔跑。」常識告訴我們，鯊魚不會奔跑，顯然第一個人說錯了，這便是最簡單的邏輯推理。

不要覺得這樣的爭辯毫無意義。「你這麼大個人，怎麼和孩子一般見識？」、「我帶著小孩呢，你把座位讓給我怎麼了？」、「你年紀輕輕的，不知道給我這個老人家讓座嗎？」、「這杯酒不喝不是兄弟！」、「你同學都結婚了，你怎麼還不結婚？」

這些「神邏輯」是不是很眼熟、很耳熟？在現實生活中，不講邏輯的人隨處可見，如果我們能掌握好邏輯，明晰裡面的辯證關係，面對無理要求的時候，即使不回嘴，也可以巧妙運用，保護自己免受道德綁架的傷害。

其實，我們生活的各方面都離不開邏輯。用一位邏輯學家、哲學家金岳霖的話來說，就是：沒有邏輯，我們的生活將十分沉重，以致幾乎是不可能的。

只有經過邏輯思維，我們才能實現對具體對象本質規律的把握，進而認識客觀世界。如果只是一昧地輸入很多知識，沒有透過邏輯這個強大的思維工具去消化，那麼我們就無法有效利用知識去思考、表達和解決問題。

如果細細想來，我們就會發現，生活的本質恰恰就是解決一個又一個問題，尤其對複雜問題，我們需要像剝洋蔥一樣，把問題一層層細化拆分，拆成最小的「單位問題」，然後逐個擊破，最終解決整個問題。而這背後依靠的就是邏輯！

晉文公非常喜歡吃烤肉，一位擅長烤肉的廚師因此獲得了優待。這引起了另一位廚師的嫉妒，他心想自己的技術並不比對方差，只不過沒有得到展示的機會罷了，於是他決定改變現狀。他偷偷在已經烤好即將呈給晉文公享用的烤肉上放了一根頭髮，希望以此來激怒晉文公，治罪於那個好運的廚師，然後自己乘虛而入。

果然，晉文公看到烤肉上的頭髮後勃然大怒，怒斥烤肉廚師，並想立即治他的不敬之罪。

沒想到烤肉廚師不但沒有高聲喊冤，反而磕了個頭慢條斯理地說：「公若治鄙人之罪，請將三條大罪一併懲治。」

第一章 底層邏輯與邏輯的思辨

晉文公覺得奇怪,便問他為什麼自稱有三條大罪。

「第一,我把刀磨得飛快,卻沒能切斷這根頭髮;第二,我把肉丁一個個串起來,卻沒有發現有根頭髮;第三,我把爐火生得非常旺,肉都烤熟了,卻沒能燒掉這根頭髮。」

聽完廚師這番話,晉文公恍然大悟。一番調查之後,那個心懷嫉妒的廚師被定罪行刑。

故事中,烤肉廚師一眼看穿事情本質的能力,正是邏輯思維能力。他表面上為自己定了三條罪狀,其實卻是向晉文公說明情況,以洗清自己的冤屈。

其實,生活中的絕大多數問題都可以用邏輯思維加以思考和解決,邏輯的核心就是清晰高效地思考,進而推斷出事情的真相。事實上,不管身處什麼時代,不管遭遇何種境遇,邏輯思維能力強的人總是能夠透過微小的發生而推斷一切,前探預判結果,回首看清真相。

底層邏輯的概念及內涵

我們都知道,邏輯是一切思考的基礎,但是從思考本身出發,我們還需要一個切入點。

正所謂條條大路通羅馬,思考一個問題,通常情況下入口

會很多,而每一個入口又往往會開啟不同的思維路徑,那麼哪一條思維路徑才是更順暢的呢?

底層邏輯,就是我們在思考問題時應該優先選擇的核心切入點,從這個核心點開始思考,所作出的決定,才是和初心一致,最貼合內心的,也是真實的人性回饋。

如果給它一個系統、準確定義的話,那應該是:「底層邏輯是指從事物的底層、本質出發,尋找解決問題路徑的思維方法。底層邏輯越堅固,解決問題的效能也就越強。」

《教父》中有一句經典臺詞:花半秒鐘就看透事物本質的人,和花一輩子都看不清本質的人,注定是截然不同的命運。找出事物的底層邏輯,就能預測其走向,也就知道該用何種方式去正確解決問題。可以說,底層邏輯,是解決問題的鑰匙。

我們還可以更通俗地將底層邏輯理解為:思維的「出發點」,一種透過現象看本質的能力。

網路時代,資訊發達,對一個事件的發生,人們往往有很多考量的角度。比如賺錢的問題,有人最先想到的是透過加班獲取,有人是下班後找個兼職,但兩者都還是在利用自己的時間賺錢,而且收入有很大的限制。而有些人則考慮如何提升自己的認知,以探尋更多的賺錢管道和方向。

事實告訴我們,擁有底層邏輯思維的人,解決問題的方式通常是先找到問題的核心點,然後思考自己有什麼資源可以匹

配，再對自身的能力進行綜合評估，最後在這個基礎上去採取行動。這是一套科學完整的認知體系。

從另一個角度看，底層邏輯，是自然規律的體現，是各種變化的原理，是社會發展的潛在規律。比如，我們說，男人的聲音相對粗，女人的聲音相對細；男人體格相對強壯，女人體格相對瘦弱；男人頭髮短，女人頭髮長……這些其實都是表象，性別才是本質。再如，房價上漲是表象，通貨膨脹是本質；薪資高低是表象，價值高低是本質；股票漲跌是表象，零和賽局是本質等等。

表象千變萬化，卻不會影響本質。而本質一旦變了，它就變成了新的事物，所有表象也會隨之改變。學會看透事物的底層邏輯，找到問題存在的根本原因，而不被表象所迷惑，順著本質的原因探求解決問題的方法，才算是找到了解決問題的關鍵點。如果只看到表象，就會頭痛醫頭，腳痛醫腳，疲於應付。

一句話，我們的世界雖然紛繁複雜，但萬千「術」後都有一個「道」，它如同一隻「看不見的手」在指揮著、主導著一切。這「看不見的手」就是「底層邏輯」。找到它，並學會運用它，你會變得更通透、更厲害、更強大。

底層邏輯是本質的，同時也是相對的

我們說「萬事萬物皆有本質」，這是底層邏輯的立足之本，但同時，我們也知道，「世間萬事萬物都是相對的」，底層邏輯當然也不例外。

這兩個結論看似矛盾，但其實並不矛盾。經濟學中有一個理論叫：成本決定價格。這個理論實際上有一個成立的前提條件，那就是：生產力不變。而現實生活常常會印證一個與之相反的理論：價格決定成本。即當消費者不認可某個商品的價格時，生產者如果想要獲得消費者的認可，往往會透過改進技術、提高效率等方法降低成本，最終使成本降低。

比如，你想買個拉力器健身。對這件商品的銷售價格，你的心理價位是 100 元。拉力器銷售人員跟你說商品的成本是 150 元，180 元的銷售價格很合理。但是在你心中拉力器就值 100 元，再貴就不買了。廠家只好千方百計降低成本到 90 塊，然後再以 100 塊的價格賣給你。這就是價格決定成本，而不是成本決定價格。

也就是說，「成本決定價格」和「價格決定成本」這兩個觀點其實都對。前提條件和要素改變了，理論和觀點也就會隨之發生改變。

真理永遠是相對的。《大亨小傳》(*The Great Gatsby*) 的作者

第一章　底層邏輯與邏輯的思辨

費茲傑羅（Francis Fitzgerald）說：「同時持有全然相反的兩種觀點，還能正常行事，是第一流智慧的象徵。」「股神」巴菲特的老搭檔查理・蒙格（Charles Munger）說：「如果我不能比這個世界大多數聰明的人更能反駁這個觀點，那我就不配擁有這個觀點。」

由此，你要時刻提醒自己，每個理論都是有前提條件的，而不是學習了某個理論，就以為放之四海而皆準，實際上未必。

這也就是為什麼我們常說成功是不可複製的。一個人開小吃店賺錢了，他把他的技術、經驗，甚至品牌給你，你直接模仿照做，你會跟他一樣賺錢嗎？不一定。為什麼？是他的經驗方法錯了嗎？

不是，是因為你們兩個條件不一樣，很多環境要素也不一樣。

我們學習底層邏輯思維，實際上是為了讓自己學會思考，而不是只學習理論的結論本身。那些在學習時只注重「要點」的人，很難真正讓自己的生活、工作產生改變。所以你會發現，有的人學了很多「創業要點」，依然創業失敗；有的人學了很多「婚姻經營要點」，依然以離婚收場；有的人學了很多「減肥要點」，依然沒有好身材；有的人學了很多「教育要點」，依然做不好父母⋯⋯其實並不是這些「要點」本身有問題，而是當事人沒有真正理解諸多「要點」的底層邏輯。

由於網際網路和智慧型手機的普及，身處已開發世界的我

們，往往沉迷於遊戲、短影音中不能自拔，生活中處處充斥著碎片化的資訊。

相應地，我們深度思考的機會越來越少，致使深度思考的能力也逐漸退化。

正如一位「超級演說家」在她的課程裡所認為的那樣：

思考能力低下的人，往往喜歡聽結論、聽故事、聽例子，把假設當結果，把機率當必然。結論、故事和例子，這些其實都是建立在底層邏輯基礎上的。我們只有掌握一個結論的底層邏輯，才能讓自己用這個結論來科學指導自己。就好比現在流行的各種成功學，告訴你的其實都是方法，你直接拿來用，基本上都會遭遇失敗。

因為這個世界上就沒有放之四海而皆準的方法，你只能從中「悟道」，去尋找適合自己的方法，而不要企圖從別人那裡獲得直接好用的方法。

掌握底層邏輯，需要的是一個人的思考能力。思考能力低下的人，很難看透事物的本質和底層邏輯。提升自己的思考能力，從而提升自己對這個世界的認知層次，才能讓自己真正了解這個世界，讓自己變得更客觀，更有智慧地生活。這就是真正厲害的人不去學習道理、知識，而是學習底層邏輯的原因。

第一章　底層邏輯與邏輯的思辨

⊪⊪⊪⊪⊪ 變的是觀點，不變的是邏輯 ⊪⊪⊪⊪⊪

春暖花開，氣溫回升，今天氣溫高至攝氏 25 度，如果這時有人跟你說：「今天好熱啊！」你認為這句話是事實，還是觀點？

這應該是事實吧？因為天氣變熱是不以人的意志為轉移的，這是自然規律啊！

錯！這不是事實，是觀點。因為不管他覺得是冷是熱，都只是他的主觀感受。那麼什麼才是事實呢？今天氣溫攝氏 25 度，才是事實。

事實一定是有一個內在邏輯的，它可以是事件，可以是資訊，但都是可以檢驗的。而觀點則是對某一問題或現象的個人看法或判斷。由於個體差異（包括感情、思想、觀點、欲望、態度、經歷、理解、信仰、價值觀等），每個人對某一問題或現象的看法也往往不同，而這些看法或觀點是無法透過客觀證據來檢驗的。

研究「事實」與「觀點」，對我們的生活意義重大。因為「事實」與「觀點」常常相伴出現，一方面，我們經常會拿自己的觀點當事實與別人爭論。比如，有人說：「iPhone 是最好用的手機。」你知道，這是觀點，不是事實。於是你試圖說服他：「你錯了，iPhone 太封閉，開放的手機才可能是最好用的手機。」這時，其實你就和他一樣了，因為你說的也是觀點。只要你們

> 變的是觀點，不變的是邏輯

彼此的認知不違反基本事實，又能邏輯自洽，也就是能自圓其說，就永遠不會被對方說服。

另外，我們也會經常拿別人的觀點當事實而左右自己的行為。

想想網路上的各種惡性造謠、搶衛生紙事件，都是追隨者缺乏獨立思考和分不清「觀點」和「事實」的體現。

如果我們想從各種無謂的爭端中「掙脫」出來，想成功駕馭生活中鋪天蓋地的資訊（新聞、八卦、傳聞），就必須使自己具備明辨是非的能力，知道哪些是「觀點」，哪些是「事實」，不要被所謂的「事實」所左右。

正如古羅馬哲學家馬克‧奧理略‧安東尼（Marcus Aurelius Antoninus）在《沉思錄》（*Meditations*）中所說的：「我們所聽到的不過只是一個觀點，而非事實；我們所看到的不過只是一個視角，而非真相。」

變的是觀點，不變的是邏輯。找到不同中的相同之處，找到變化背後沒變的東西，才是找到了事實，也才是找到了事物變化背後的「底層邏輯」。

第一章 底層邏輯與邏輯的思辨

普通人找方法，聰明人找邏輯

回想一下，面對一個問題時，你的思維模式是發散式（從一點向四面八方發射），還是收斂式（從四面八方射向一點）？

我想大多數人的答案是發散式的，即從要解決的問題出發尋找各種解決方法。這當然不能說是錯誤的，事實上，發散式思維因對問題從多角度、多層次進行探索，往往會產生一些獨特的新思想、新思路。

然而，若止步於此，而不嘗試培養收斂式思維，則難以從根本上解決問題，正如愛默生（Ralph Emerson）所說：「方法，可能有成千上萬種，或許還有更多，而原理則不同，掌握原理，你將找到自己的方法。追求方法而忽視原理，你終將陷入困境。」

擴散性思考過程需要張揚知識和想像力，而收斂思維則需要運用知識和邏輯。這其實是底層邏輯在思考過程中作用的彰顯，即在解決問題上始終圍繞一個點，一個不變的核心，變的只是方法，只是解決問題的路徑。

舉個例子，當大家都在依據變化而挖空心思思考如何創業成功的時候，當大家都在擔心自己的商業模式會因新技術和新模式的運用而被迅速顛覆的時候，你知道亞馬遜的創始人貝佐斯（Jeffrey Bezos）做了什麼嗎？

他提出了一個靈魂拷問:「未來十年,什麼是不變的?」

沿著這樣的思維方向,他找到了三件很普通、卻不會改變的事情:

- 無限選擇
- 最低價格
- 快速配送

貝佐斯在確認了這三件不變的事情後,便將亞馬遜的主要資源都用在了上面,最終他獲得了有目共睹的成功。

可見,只有底層邏輯才是有生命力的,才能在我們面臨環境變化時,將其應用到新的變化中,最終催生出適應新環境的方法論。

生活中,我們常常會遇到各種或重要或瑣碎的問題,它們占用我們的精力,讓我們無所適從。比如,置身於一個快速變化的時代,面對自己的工作,我們會擔心:5年、10年之內會不會失業?身處的產業有沒有發展前景?其實,這個時候我們應該轉換思維,想一想:即使產業在發展、在變化,但其中哪些東西是不變的,是不可替代的,新的工作機會又將從哪裡產生。

客觀地說,社會的總體變化與個體的實際成長並沒有太大的關係,社會經濟形勢是好還是差,多半不會對個體的工作產生重要的影響。有的人抱怨:現在實體店生意太難做了,都是

第一章 底層邏輯與邏輯的思辨

因為無處不在的網際網路。其實,生意從來就沒有好做與不好做之分。不是生意不好做,而是你的生意不好做。當你的生意不能適應社會的變化,不能適應市場的需求,自然就難做了。

產品可以被市場淘汰,人也一樣,一個為了變化而變化、隨波逐流的人,注定難有大的作為。只有在變化中思考不變,抓住事物最本質的東西,才能在變化中提升自己的認知、技能、情商,才能真正解決面臨的困境。

有的人為了變化而變化,一年換幾次工作,跨幾個產業,做什麼都是蜻蜓點水,不懂深入,不願深入,變來變去,把自己弄得眼花撩亂,最終路該怎麼走,方向在哪裡,都搞不清了,因為整個人心都散了,收不回來了。有的人幾年深耕一份工作,伴隨著產業的變化、市場的變化、工作內容的變化,整個人也獲得了成長。

事情往往是,有的人十年做了十個產業、三十份工作,一直在尋找新工作的路上,而有的人已成為專業經理人,甚至老闆。確實,人總是要變化的,但變化也應是在底層邏輯基礎上作為執行路徑而優化,而不是單純為了適應。

第二章
底層邏輯是最清醒的思考方式

改變你的僵化思維，優化你的思考方式，提升你的邏輯深度，你就擁有了透過紛繁複雜的現象，看清事物根本屬性，看透問題根源，看懂現象背後底層邏輯的能力。

第二章　底層邏輯是最清醒的思考方式

‖‖‖‖‖‖‖ 為什麼你被騙，還不願意相信真相？ ‖‖‖‖‖‖‖

還記得「世界最速男」博爾特（Usain Bolt）嗎？他被譽為「世界短跑第一人」，帶著無限榮光退役。然而這位昔日巨星卻在2023年1月23日以「博爾特遭詐騙損失千萬美元」的話題再次回歸新聞版面。據《西班牙世界報》報導，博爾特的帳戶餘額從1,270萬美元變為1.2萬美元。

其實，這類詐騙案件我們已經屢見不鮮：2016年，國外一名54歲的大學教授遭到詐騙，1,760萬元資金被騙走。2021年，國外某大學生為了「將自己在所有貸款平臺的額度歸零」，根據對方提示，將好不容易籌到的資金轉到對方給的「安全帳戶」裡，等反應過來時，已經被騙99萬元。被套走數億元資金自殺身亡的上市公司老闆、遭遇「浪漫騙局」被騙40萬元自焚的女孩……

如果將這些詐騙案例一一列舉，怕是這一本書都寫不完。每當此類消息一出，總會有人同情、不解，也有人嘲諷：「活該被騙，這麼簡單的騙局！」、「這種騙局騙不倒我！」

其實，嘲笑受害者單純好騙的人，不見得比那些受騙者更聰明。

如果你知道了騙子的手法，你會發現，騙子才是厲害的邏輯學、心理學、人性學、行銷學大師。當然，我們不是在倡導這種價值觀，只是在提醒有必要了解騙子騙人的底層邏輯。

你知道騙子最喜歡騙什麼樣的人嗎？一類是非常自負的人。因為自負，往往會高估自己的能力，所以容易進圈套；因為自負，容易鑽牛角尖，很難聽進別人的勸阻。這類人一旦被騙往往損失慘重。

另一類是非常感性的人。感性的人做事容易衝動，且聽不進去他人的意見。一旦認準了某事，一意孤行，輕易不會改變。

這兩類人為人做事有一個共同點，那就是感性大過理性，關鍵時刻，將邏輯拋於腦後。

我們常說，人是理性的動物，人之所以比一般動物更高級，就是因為會思考。但在實際生活中，很多時候我們又是不理智的，常常做出很多非理性的行為。比如，在詐騙中，騙子往往會冒充警察、法院、檢察官等相關人員，冒充各級政府部門、公司（企業）的工作人員，一旦我們屈從於權威效應，失去理性思考能力，就會被騙子牽著鼻子走，最後被騙走了錢財還把對方當作好人。

貪婪，早已不是詐騙者的唯一誘餌。「身經百戰」的騙子總是可以精準拿捏人性的弱點，策劃出層出不窮的騙局，步步誘人入「坑」。但是，如果可以深挖並掌握他們的「底層邏輯」，你馬上就會想到：誰會愚蠢地把賺錢的方法和資訊隨便告訴你，而不自己悶聲發大財？如果真的是機密，能放在網路上嗎？所以，我們要做到：

第二章　底層邏輯是最清醒的思考方式

(1) 轉帳前問問自己，動動手指就能賺錢的好事為什麼能輪到我？

(2) 網路戀情前問問自己，人美聲甜的小姐姐，溫柔帥氣又多金的小哥哥，為什麼還需要網戀？

(3) 收到逮捕令時問問自己，抓人還要提前通知？警察是不是覺得自己太閒，怕壞人跑路跑得不夠快？

(4) 裸聊前問問自己，自己值得美女「坦誠相見」嗎？

(5) 網路貸款前問問自己，無抵押還免利息，對方為什麼不直接送錢？

(6) 點陌生連結前問問自己，查資訊為什麼還要下載一堆東西？

(7) 理財前問問自己，戰無不勝的投資大師為什麼要苦口婆心幫助非親非故的你？

(8) 給執法人員轉帳前問問自己，用自己帳號公然收受鉅額資金，是不是嫌自己的職位做太久了？

其實，很多欺騙和謊言，在邏輯面前都漏洞百出，只是我們沒有拿起邏輯的武器。正所謂「只有用魔法才能打敗魔法」，在處理事情時，我們必須具備一種建立在證據和邏輯推理基礎上的思維方式，才能在騙局無孔不入的時代，防範上當受騙。

共享事物的底層邏輯

我們學習底層邏輯，尋找萬變中的不變，為的是掌握了它之後，擁有舉一反三、融會貫通的本領，讓它成為解決萬事萬物的通用方法，這是我們學習底層邏輯的真正意義。

在這個過程中，涉及一種「移植」思維的能力，就是需要先找到經過抽象與當前問題「表面不同本質相似」的問題，透過借用這個問題的解決方法，來解決當前問題的思維方式。

這個思維轉變不難理解，阿基米德原理的發現過程，可以說就是移植思維的成果。

在古希臘，有一位國王得到王位後，決定做一頂金製的王冠獻給神靈，以感謝神靈的庇佑。他稱給金匠做王冠所需要的金子並付了酬金。金冠做好了，重量與當初交給金匠的金子一樣重。然而，卻有人告密，說金匠偷了做金冠的一部分金子而往王冠裡摻進去同等重量的銀子。國王為有人欺騙他而他又無法揭露這種欺騙而感到生氣。

現在，我們有很多方法可以對金冠是否摻假進行驗證，但在當時卻是一個難題。最後國王請來智者阿基米德，讓他幫助解決這個超級大難題。阿基米德為了解決這個問題茶不思飯不想。他嘗試了很多想法，但都失敗了。一次，他沉思著走進浴室，當坐進澡盆後，看到澡盆裡的水往外溢，同時感覺身體被輕輕

第二章 底層邏輯是最清醒的思考方式

托起時，腦中靈光一現：自己進入澡盆的身體體積與澡盆中溢位去的水的體積應是一樣的。金子的比重比銀子的比重大，摻了銀子的王冠一定比同等重量的純金冠體積大，而在裝滿水的容器中，體積大的王冠溢位來的水必定多些……

就這樣，阿基米德幫助國王解決了這個超級大難題。之後，阿基米德對物體的漂浮規則進行了細心的研究，最終總結出「阿基米德原理」。

這裡，阿基米德運用的思維其實就是移植思維。他先是意識到，自己浸在澡盆中的身體體積與澡盆溢位來的水的體積一樣，進而聯想到可能摻了假的王冠的體積也一樣等於從容器中所排出的水的體積。

阿基米德的這種思維過程，實際上正是移植思維運用的過程，概括一下可分為 3 個步驟：

第一步，將底層邏輯的本質抽象出來；

第二步，與眼前的問題進行類比；

第三步，將底層邏輯的解決方案遷移運用到要解決的問題上。

世上很多事物的本質其實都是相通的，所以可以做到一通百通。

在如今這樣一個資訊大爆炸的時代，我們沒有時間，也沒有必要去把每一件事、每一個現象都研究透澈，我們可以跨產業、跨學科地進行思維「移植」。這也是科學技術和社會生活

創新中最簡便、最高效的一種方法。正如英國科學家貝佛里奇（William Beveridge）所說：「移植思維是科學發展中的一種重要方法。大多數的科學發現都可應用於所在領域以外的範疇裡，而應用於新領域時，往往能促成進一步的發現。很多重大的科學成果來自移植。」

蜂巢是一種費料少但強度大的結構，將這一結構移植到飛機製造上，便可以有效減輕飛機的重量，又可以提高其強度；將這一結構移植到房屋建築上，可製造蜂巢磚，減輕牆體重量的同時，又做到了隔音和保溫。

在生活與工作中，我們經常會遇到一些難題，正著想、反著想，都沒有思路的時候，不妨運用移植思維，借鑑其他方面類似的成功經驗、做法。當你將其底層邏輯的解決方案遷移運用到要解決的問題上時，結果可能會讓你大吃一驚。

當然，移植思維不是與生俱來的，但它可以透過培養和訓練獲得。要想具備移植思維的能力，需要具有淵博的知識，要熟悉某個或多個學科的原理，能從一些成功的移植思維的案例中，悟出移植思維的真諦。

第二章　底層邏輯是最清醒的思考方式

「有道理」不代表你做得對

我們之中的任何人，都難免會有和別人產生分歧或矛盾的時候。

假如你追星，你一定經歷過為了「偶像」的播放次數、帶貨量等一系列數據榜單而進行所謂的「榮譽之戰」。當然，即使不「粉」誰，我們也沒少當「看戲群眾」。事情往往是一個明星的粉絲在網路上發表了對其他明星的「不當」言論，後者的粉絲發現之後紛紛予以反擊，隨後事態擴大，演變為集體謾罵，最終以明星團隊喊告甚至發律師函而告終。

比如婆媳之間，哪怕是為了買什麼樣的床，也能爭執不下。妻子要買當下最流行的席夢思，而婆婆則一再說她兒子從小睡慣了硬板床，還說連書上都說睡軟床對身體不好。最後妻子堅持買了席夢思，而婆婆會因為媳婦不尊重她的意見而生氣。

這時，作為丈夫的你看看這個，瞧瞧那個，覺得都有道理，那到底是誰錯了呢？

其實多數情況下，我們僅僅是在表層無休止地爭論孰是孰非，如果深挖是非對錯的「底層邏輯」，就會發現，很多時候，所謂是非，只不過是立場不同而已。

那麼立場是什麼呢？一般定義是：認知和處理問題時所處的地位和抱有的態度。說得淺白一些，就是站隊與選擇問題。

深層次說,立場其實是一種主觀意識的存在。不管是自覺的立場,還是不自覺的立場,人總是有一定立場的。而實際上,我們應該有立場,也有權有自己的立場。「聰明」人的做法是有自己的立場,但盡量理解並融合他人的立場。

再回頭看前面的例子,在粉絲界「你死我活」的零和賽局下,粉絲長期處於高度密集且單一的資訊環境中,在「資訊同溫層」的作用下,粉絲間衝突難免陷入「公說公有理,婆說婆有理」的狀態。若擺脫「粉絲界思維」來審視問題,就會意識到:愛的表達方式從來不止一種,粉絲也不應背負決定「偶像」星途的責任。換句話說,你的追星體驗,完全可以由自己做主。

同樣,婆媳年齡相差幾十歲,她們對於生活的目標、思考問題的方式和觀念有著不同的設定和理解,又都不可避免地站在自己的立場思考問題,這就使得衝突在所難免。學會換位思考,將心比心,去理解別人的想法和感受,從對方的立場來看事情,雙方才可能建立真正的理解。當然,做到這一點很不容易,但是應該的。

所以,我們不要隨意去指責他人,因為很多時候,即使我們了解事情的真相,也不一定了解他人的立場,你所謂的「有道理」並不代表你的看法是對的,也不代表你的行為是對的。

只站在自己的立場想問題,很容易自私、片面、狹隘,如果跳出來以旁觀者的視角審視問題,再進一步換位思考,就會

第二章 底層邏輯是最清醒的思考方式

豁然發現，事情有了變化，問題不再是之前的問題了，對方的觀點也不再「面目可憎」，而變得似乎可以接受。

在 How 之前，先找到 Why

既然底層邏輯講的是探究事物的本質，那麼對於大多數普通人來說，自然是很難一下子就可以探索到。它需要一種洞察力，洞察事物背後因果關係的一種能力。

因果關係，實際上是人類命運的「鐵律」。凡事皆有因才有果，每一個結果的產生都有一個或者多個特定的原因。換句話說，當你看到任何現象的時候，你不用覺得不可理解或者奇怪，因為任何事情的發生背後都必有其原因。這個結論對現實的指導意義就是：凡事多問幾個為什麼，努力洞察表象背後的原因，找到事物的底層邏輯，進而找到解決問題的突破口。

其實這種技能可以說是我們與生俱來的。孩童時，我們對一切事物都十分好奇，想要去了解。「天空為什麼是藍色的？」、「小鳥為什麼會飛？」、「小狗為什麼不會說話？」、「感冒為什麼會流鼻涕？」等，這象徵著孩子們正在探索世界，小腦袋正在開動，這是人類好奇心和思考行為的開始。

然而，不知道從什麼時候開始，我們在面對 What（現狀）

在 How 之前，先找到 Why

時，第一直覺不再是 Why（為什麼），而是 How（怎麼辦）。我們總是想先有所行動改變現狀，再去想背後的原因。而結果呢，往往勞而無功，甚至還會使問題越來越複雜。而當我們開始嘗試，在一個問題上不斷去拷問為什麼，並回答這些「為什麼」時，而且最終讓我們探尋到了事物的本質，這時再去解決問題，大部分問題是可以被輕鬆解決的。

比如一個人想要一把鎚子（What），通常的邏輯是東奔西跑去借鎚子、買鎚子（How）。而按照底層邏輯思維則是要問要鎚子的原因（Why），得知是往牆上釘一根釘子用來掛照片後，解決問題的途徑就變寬了，可以用鎚子往牆上釘釘子，也可以用無痕掛勾，還可以用不黏牆皮的強力膠，而不必再費盡心思去到處找尋鎚子。

只有搞懂 Why，才能有效指導 How。查理·蒙格說：「你要變得聰明，需要不斷地問：為什麼？為什麼？為什麼？你必須將答案聯結到更深刻的理論。這樣做雖然有難度，但是會有很多樂趣。」

蘇格拉底也說：「所謂思考過程，不過是提問和回答罷了。」詢問自己一個又一個「為什麼」，會讓自己更好地思考問題。

透過思考這些開放性問題，可以一步步縮小範圍，定位到「關鍵資訊」。或者說，在反覆提問與回答中，不斷地收斂問題。雖然很多時候追問出來的原因並不一定是事物的本質，但

第二章　底層邏輯是最清醒的思考方式

是，它會一步步接近事物的本質，直至找到問題的根源，有效解決問題。

這裡我們可以借鑑西蒙・斯涅克（Simon Sinek）的「黃金圈理論」。這個理論的核心，是對任何事情從內而外進行提問，而不是剝洋蔥式的從外而內。即用 What（做什麼，是事物的表象和成果）→ How（怎麼做，代表做事的方法和措施）→ Why（為什麼做，是指做事的目的和理念）的特定結構去剖析問題。

舉個例子，如果看過賈伯斯開 iPhone 發布會，你會發現，他不會一上來就告訴你這款產品為什麼「長成這樣」，而是先闡述創新理念：為什麼要做這件事；為做這件事我付出了哪些，最後才是它為什麼長成這樣，你為什麼要體驗等等。實際上賈伯斯就是從消費者角度用「黃金圈理論」去梳理產品對對方來說的好處和意義，這比單方面強調這件事情應該怎麼去做，有意義得多，也有效得多。

其實，我們之所以一再強調底層邏輯的思維應用，並非為了詮釋這個思維本身，而是希望你可以從中受到一些啟發，培養出這樣一種思維方式——不斷把思考推向源頭，推向更本質的思維方式。

建構「金字塔思維結構」

人類的大腦是最神祕也是最神奇的器官。比如我們仰望天空時，會不自覺地將雲朵拼出各種圖案，而不是將它們單純地看成雜亂無章的一朵朵白雲。這就說明人類大腦天生具有對事物進行歸類組織的特徵。基本上，大腦會將其認為具有共性的事物組織在一起，會把抽象的東西組織成具象的圖形，會自動將零散的資訊，按照邏輯歸納在一起。

大腦的這種將有「共性」的事物組織在一起的能力，對於我們找到事物的底層邏輯無疑具有很大的幫助。

舉個例子，週日上午，你準備去大賣場買刮鬍刀。你對妻子說：「我想去買個刮鬍刀，妳要帶什麼東西嗎？」妻子在你穿外套時說：「太好了，我正好想吃葡萄，你可以買一些回來。再買幾盒牛奶。」你開始穿鞋，妻子則開啟了冰箱，然後說道：「我看看蔬菜還要不要買些。對了，我想起來了，沒有雞蛋了。我看看，嗯，再買一些番茄吧。」你開啟房門，妻子又說道：「還要再買些馬鈴薯，也可以買些橘子。」你走出門，妻子又說：「再買幾個鹹鴨蛋吧！」

你按電梯時，「蘋果也買幾斤吧。」你走進電梯，妻子從門後探出頭：

「再買幾盒優酪乳。」你最後問道：「還有嗎？」「暫時就這

第二章　底層邏輯是最清醒的思考方式

些吧,我想到了再打電話給你。」

妻子請你買的這些東西,你會買回來幾樣?如果不重新看一遍上面的對話,也許有人連幾樣東西都沒有數清楚吧?

現在,你試著在腦海中整理出一個採購清單:葡萄、牛奶、雞蛋、番茄、馬鈴薯、橘子、鹹鴨蛋、蘋果、優酪乳。這很難記憶。喬治・A・米勒(George Armitage Miller)在他的論文〈神奇的數字:7±2〉(*The Magical Number Seven, Plus or Minus Two: Some Limits on Our Capacity for Processing Information*)中說過:人的大腦短期無法一次記憶 7 個以上的專案,比較容易記住的是 3 個及以下的專案。這樣的話,試著把它們分為 3 組吧?第一組是蛋奶產品:牛奶、優酪乳、雞蛋、鹹鴨蛋;第二組是水果:葡萄、橘子、蘋果;第三組是蔬菜:番茄、馬鈴薯。是不是就可以記住這 9 樣東西了?

這個思維轉換過程,可以看作建構一個邏輯清晰的金字塔結構的過程,同時把這樣的思維方式稱為「金字塔結構思維」。

金字塔結構思維,顧名思義,就是思維的結構形同埃及金字塔結構——把結論看成塔尖,把論據看成塔尖之下的每個層級(論點下每條論據最好不超過 7 條)。這個理念是由美國麥肯錫顧問公司第一位女性諮商顧問芭芭拉・明托(Barbara Minto)在工作中總結出來的。這種分組和概括的方法適用於絕大多數的思維過程。將大腦中的資訊組成一個由相互關聯的金字塔組

成的巨大的金字塔群，可以幫助我們很快釐清思路和邏輯順序，然後有效地解決問題。

事實上，為什麼別人總能順利通過面試、順利升遷加薪……這背後靠的不僅是專業能力，還有更重要的語言表達及解決問題的邏輯思維能力。

在解決具體問題的過程中，建構「金字塔思維模式」通常有兩種方式，分別是自上而下作分類和自下而上作概括。

自上而下法，即結論先行，具體步驟為：

(1) 提出主題思想。

(2) 確定主題涉及的主要問題。

(3) 列出這些問題主要的解答內容。

(4) 說明這些問題涉及的情境以及發生的衝突。

(5) 仔細檢查主要問題與解答辦法。

自下而上法，則是總結概括，步驟以下：

(1) 列出想要表達的所有思想要點。

(2) 找出各個要點之間的邏輯關係。

(3) 得出最終的結論。

不管採用哪種方法，我們都可以一層層建構起堅實的「思維金字塔」結構，進而有效地解決問題。

第二章　底層邏輯是最清醒的思考方式

藉助類比思維，釐清邏輯關係

當我們遇到一個新問題時，如果時間允許，可以不用立刻去想解決方案，而是可以先想想哪些事物與這個問題的「底層邏輯」是一致的。如果能作出準確的簡單類比，打出一個精妙的比方，就很有機會釐清了它們的底層邏輯關係，也就有很高機率找到了解決問題的突破口了。

實際上這就是運用類比思維的過程。類比思維，即根據兩個具有相同或相似特徵的事物間的對比，從某一事物的某些已知特徵去推測另一事物的相應特徵的思維活動。簡單來說，就是透過甲具有的某種性質推斷出與之類似的乙也具有該種性質。它是一種既便於運用，也利於創造性思考的思維方法。

西元 1820 年，英國要在泰晤士河下修建一條地下隧道。如果採用傳統的「支撐開挖工法」，會遇到不少困難，因為那個地段土質疏鬆，且岩層極易滲水，存在塌方的風險。那該如何處理呢？負責這一工程的布魯內爾（Isambard Brunel）為此大傷腦筋。

就在他苦思冥想、不知所措時，無意間看見一隻小蟲正在用盡全力往堅硬的橡樹皮裡鑽。布魯內爾發現：原來小蟲子是在橡樹皮硬殼的保護下「工作」的。布魯內爾想：河下隧道的施工可不可以採取相類似的辦法呢？

藉助類比思維，釐清邏輯關係

後來，布魯內爾效仿小蟲的掘進技術：先把一個空心鋼柱打進岩層，然後在這個保護罩下進行工作，取得了非常理想的效果。「潛盾隧道工法」由此誕生。

這裡布魯內爾運用的就是「類比思維」技巧。「潛盾」代表了「支撐」。整體來說，啟發原型的形象或其一部分，進入了思考者的腦海，它與思考對象之間的相似之處跳入思考者的思緒之間，開啟了其百思不得其解的思路，使思考者進入柳暗花明的境地。

事實證明，這是一種非常高效的解決問題的方法。實際上，各行各業都是在運用類比思維來洞察事物本質，進而有效解決問題的。

德國天文學家克卜勒（Johannes Kepler）甚至把類比思維比喻為自己「最好的老師」。

哲學家康德（Immanuel Kant）也說：「每當缺乏可靠論證的思路時，類比這個方法往往能指引我們前進。」

這個方法可以啟發人的聯想。有一位釀酒廠的經理在遊玩途中，看到山坡果樹上長滿紅紅的沙棘果，摘下幾顆嘗了嘗，發現這種果實含有澱粉、酸裡帶甜，由此聯想到釀酒的原料也具有這些性質，進而推想到可以用沙棘果作原料釀酒。

這個思維方法可以激發出人的創造性。在自然科學中廣泛應用的一種模擬方法，其思維過程就是類比推理的具體運用。

第二章　底層邏輯是最清醒的思考方式

　　所謂模擬方法，就是用模型去代替原型，透過模型間接地研究原型的規律。

　　例如，為了研究新型飛機的效能，可以在實驗室內構造一個小的模型先作模擬實驗，在獲得充分的科學數據後，便可設計製造「真的」新型飛機。1960年代初正式命名的仿生學，就是利用模擬方法的體現。科學家們經過對某些生物的結構和功能的系統研究，發明出模擬它們的某種結構和功能的精密儀器。例如，根據蛙眼的結構和功能，模擬製造出了「電子蛙眼」；根據人腦的結構和功能，模擬製造出了「電腦」和「機器人」等，這些都運用了類比思維。

　　類比思維還可以提升表達的效果。類比思維不僅是人們認識事物對象的重要工具，也是人們表達思想、進行說明的良好方法。人們在表達思想或議論的過程中，為了解釋某種事實或原理，往往找出另一種與之相似的並且已經得到認可的事實或原理，透過類比使某種事實或原理得到解釋。知名數學家華羅庚就是類比思維的高手，他講統籌方法時，沒有說一堆數學符號，而是用了一個「怎樣泡茶最省時間」的例子，讓人一聽就明白了。

　　在運用類比思維，釐清事物的邏輯關係時，要全面深入認識事物對象間的關係，分清哪些是必然連繫，哪些是偶然連繫，避免犯「機械類比」的邏輯錯誤。

橫向思考，打破邏輯局限

一般來說，我們習慣對事物進行縱向思考，這符合事物發展方向和人類認知習慣，它遵循由低到高、由淺到深、自始至終的順序，更合乎邏輯的線性特徵。

但是有時候，我們恰恰需要打破這種邏輯認知，才可能「挖」到事物的本質。這就是我們所說的橫向思維，即突破思考問題的慣性認知，從其他領域的事物、事實中得到啟示而產生新構想的思維方式。這種思維方式由於改變了解決問題的一般思路，試圖從其他方面、方向入手，其思維廣度大大拓展，有利於創新性解決問題，在日常生活中常有著重要的作用。

通常，橫向思維有以下幾種方法：

第一種方法是擺脫傳統思維的羈絆。因為橫向思維講究的是思維的斷裂，這與邏輯思維的線性要求正好相反，也就是說要從原先思考的事物中脫離出來，不被慣用的邏輯形式羈絆住。例如，刑警破案，如果遵循慣用邏輯思考問題，必然要從事物本身，也就是從受害人的朋友親戚中開始查詢線索，而橫向思維卻要從關注的事物上移開，轉移到其他相關的事物上來。也就是說不從受害人身上思考，而是「跳」到作案者身上。這個時候，思考者就要努力尋找滿足一些條件的全部可能性，然後逐一篩選和排除，直到找到比較可靠的破案線索。

第二章　底層邏輯是最清醒的思考方式

　　第二種方法是從終點返回到起點。即先設定抵達終點的目標，然後返回。這種方法容易發現從未走過的新路。比如：一個男孩向父親求教：「為什麼我連一條魚也釣不到，我的釣魚方法不對嗎？」

　　父親告訴他：「不是你釣魚的方法不對，而是你的想法不對，你想釣到魚，就要學著像魚那樣思考，而不應像漁夫那樣思考。」孩子似懂非懂，卻開始嘗試推理：魚是一種冷血動物，對水溫敏感，更喜歡待在溫度較高的水域。一般水溫高的地方陽光照射比較強烈，但是魚沒有眼瞼，陽光強烈的話容易灼傷牠們的眼睛，所以牠們通常喜歡待在陰涼的淺水處。淺水處水溫較深水處高，而且食物也很豐富，不過處於淺水處要有充分的屏障，比如茂密的水草，這是動物與生俱來的安全意識⋯⋯男孩發現，當他對魚了解得越多，也就越來越會釣魚了！這種思考方式就是在進行逆向思考，從魚入手，而不是在釣法上下功夫。

　　第三種方法是將事物立體化。即對事物進行多角度審視，不急於判斷它是什麼，而是思考它可能是什麼。這種方法是以尋找更多、更優的創意為宗旨，它正好與傳統邏輯思維相對立，傳統邏輯思維是發現有不符合邏輯的就停止思考，而橫向思維則是繼續延伸，試圖從另一個方向甚至多個方向去拓展，以找到更多、更好的方案。這種多點式、立體式的思考方法，在橫向思維中也叫「前進式思考」。

第四種方法是偶然觸發法。即透過隨機誕生的概念及事物、詞彙來觸發新的思路。我們都知道，偶然具有不可預料性和突發性。這就是我們在面對突發性事件時，常常會手足無措的原因。

但它對於橫向思維來說，卻是一個好東西。我們要關注偶然性，重視偶然性，並學會利用偶然性，將它拿來作為新思考的觸發點。

因為偶然之中肯定藏著必然，而這個必然也許就是我們要尋找的目標。

當然，我們還可以將新誕生的各種新想法、新觀點，與終點目標進行創意交叉，以尋找更多、更有效的答案。

從哲學的角度看，世間萬事萬物都是有連繫的，一些表面看似不相干的事物，卻可能有著極為密切的連繫。所以，要重視橫向思維，注重發揮它的作用，在事物間建立起連繫，幫助我們找到事物的底層邏輯，進而有效解決問題。

見樹木，亦要見森林

「關鍵、關鍵、關鍵，重要的事情說三遍！」

「只要你能抓住關鍵，就能事半功倍。」

第二章　底層邏輯是最清醒的思考方式

「找規律，然後按照規律優化你的工作。」

「聚焦在主要矛盾上，不要盯著細枝末節。」

……

生活中，無數的人都在向我們強調底層邏輯的重要性，但如何找到事物的底層邏輯，卻很少有人能說清楚。

很多時候，我們自以為抓住了事物的關鍵，找到了問題的底層邏輯，但實際上卻是如「盲人摸象」般，只憑片面的了解或區域性的經驗而作出的猜測和推斷。只了解事物的區域性，從不同的角度，看到不同的東西，得出的結論也多半是片面的結果。只有弄清楚事情的整體，才能對掌握全域性產生關鍵性的作用。

這好比我們在登山時看到不同角度的風景，卻無法看到整體風貌一樣，只因為我們身在「本體」之中。如果有無人機在高空中航拍，就可以看到山脈的全貌和走勢。事實上，能抓住事物本質的人，無一不具備一個很好的大局觀，他們清楚專案的整個流程，能夠從全流程的角度思考問題，並設計出事關全域性的最優解決方案。

現實生活中，我們經常看到，才修好的馬路，因要鋪設下水管道，只好又重新挖開，使新路面出現不應有的「傷疤」，可是不久又因要埋電纜、鋪天然氣管道⋯⋯一次又一次地挖了填，填了挖，好端端的路面被弄得凹凸不平。這種勞民傷財的

做法，一個重要的原因就是下達命令的人缺乏「通盤謀劃」的思維意識和「系統思考」的能力。

「格式塔理論」認為：部分相加不等於整體，整體要大於部分之和。例如，手與手指的關係，音符與旋律的關係，氫氣、氧氣與水的關係，都詮釋了這個理論。這一理論告訴我們，認識事物時，要盡量從事情的整體去考察，要學會系統化思考，才可能避免因「只見樹木，不見森林」片面性思考問題帶來的錯誤。

當然，事物的整體並不總是會自動顯現在我們眼前，有時需要我們做一些蒐集和推理工作，才能把單一的事項串聯成一個整體。

比如你是一名管理者，在擬定一項計畫的時候，可以先想想：

什麼是非做不可的？需要多少人手？多少器材？多少預算？怎樣和上級部門交涉，以獲得足夠的預算？人手如果不夠，是否需要增加編外人員？在推行計畫時會遇到什麼問題？該如何處理？等等。把每一個環節列為工作的「分支」，掌握了這些「分支」，就相當於掌握了全盤。按照這種方法去做，整個工作計畫就比較容易完成。

但是，光有大局觀念還不夠，還要深謀遠慮，不為區域性、一時一地的變化所迷惑，只有這樣才能夠及時作出正確的決策。當前，很多企業被社會無情淘汰，一個很重要的原因就是

第二章　底層邏輯是最清醒的思考方式

決策者缺乏思考未來的長遠意識，只看到眼前的狀況，而沒有考慮企業的長遠發展，沒有用進步的眼光、全球的眼光和時代的眼光分析和思考問題，從而錯失了一個又一個發展良機。

實際上，長遠利益與眼前利益是緊密連繫的，我們可以經由眼前利益的獲取促進長遠利益的實現，但是，當兩者有了衝突、產生矛盾時，要毅然捨棄眼前利益，避免出現為眼前利益而損害長遠利益的短視行為。

大局觀念和遠見思維，對找尋事物的底層邏輯極為重要。如果能成功做到前者，那麼後者的找尋也不再遙不可及。

‖‖‖‖‖‖‖　掌握底層邏輯，做複雜世界的明白人　‖‖‖‖‖‖‖

我們先來思考這樣一個問題：如果你的公司收到客戶的投訴，說他從你們公司買的肥皂，盒裡面是空的，你要如何解決這個問題？

日本一家大型化妝品公司的做法是：千方百計發明出 X 光監視器，然後用 X 光監視器對每一個出庫的產品進行「透視檢測」。而另一家遭遇同樣問題的鄉鎮級小企業，他們的解決方法是：用幾臺強力工業用電扇對出庫的產品直吹，被吹走的便是裡面沒有肥皂的空盒。

事實證明，鄉鎮小企業的做法很有效，而且簡便易行。諸多的事實告訴我們，很多問題的解決是可以化繁為簡的，這是高效工作的一個重要原則，也是解決難題的底層邏輯思維。

不要認為只有焦頭爛額、忙忙碌碌地工作才可以取得成功。事實上，在我們做過的事情中，有相當一部分是毫無意義的，真正有效、有價值的活動只占其中的一小部分，而這一小部分又常常隱含於繁雜的事物中。找到關鍵的部分，去掉多餘的活動，把複雜的事情簡單化，就會發現很多事情其實很簡單，成功也並不遙遠。

一家百貨商場，雖地處鬧市中心，但總是店外熱熱鬧鬧，店內冷冷清清，許多人都是從店門前的大街上匆匆而過，很少有人進店駐足。沒有顧客，商場生意慘淡。經理對此一籌莫展。一次，經理的朋友偶然路過，來到商場，聽經理嘆息著說了商場的情況後，朋友沉思了一會兒，笑著對經理說：「要讓過往行人到你店裡來並不難，用一面鏡子就能解決。」

經理半信半疑，但還是按照朋友的吩咐，在臨街的牆上裝上一面大鏡子。鏡子的上方，貼了一行大字：朋友，請注意您的儀容！

鏡子的下方貼了一行字：店內備有免費的木梳。

當許多人又從商場前經過時，發現了鏡子和上面的字，然後不由自主地走到鏡子前照一照，隨後就踅進了商場梳理頭髮。如

第二章　底層邏輯是最清醒的思考方式

果需要鞋油，商場內備有免費使用的鞋刷。就這樣，商場內的人一下子擁擠起來，有買鞋油就地擦鞋的，有買髮膠就地梳理頭髮的，有買口紅對著店裡的鏡子塗抹的，商場的生意一下子熱鬧了起來。

可不要小看這「一面鏡子」，它解決了一個大問題。真的是，看似複雜的世界其實充滿簡單的邏輯。事實上，我們將一個問題化繁為簡的過程，就是放棄不必要或者不太重要的環節或程序，而把重要的事情進行程序化的過程。只有這樣，我們才不至於在紛繁複雜的活動中，被動忙亂，辦事效率也會由此得到很大的提高。

具體實施起來，我們可以參考美國威斯門豪斯電器公司董事長唐納德・C・伯納姆（Donald C. Burnham）在《時間管理》（*Productivity Improvement*）一書中提出的提高效率的做法：

在做一件事情時，先問自己三個「能不能」：

（1）能不能取消它？

（2）能不能把它與別的事情合併起來做？

（3）能不能用更簡便的方法來處理它？

在處理事情時，如果有了這三個原則的指導，往往就能砍掉與本質無關的東西，抓住根本，用簡略的方式對問題進行表述和解決。

事實證明，我們越能簡潔地執行我們的計畫，就越能有效

地實現我們的目標。

　　總之，面對紛繁複雜、變化萬千的表象，要先動腦，想想事情的底層邏輯，看能不能去偽存真、刪繁就簡，用簡單有效的方法去應對和處理，而不是急急忙忙動手。如能成功做到，那就能夠在這個複雜的世界中做一個明白人。

第二章　底層邏輯是最清醒的思考方式

第三章
學習與認知的底層邏輯

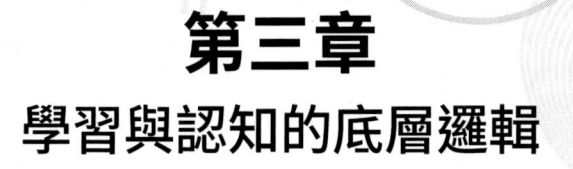

知識的真正價值是提高我們洞察真相的能力,而不是只記住數據。邊學習邊思考,把知識提升到認知層次,拓寬我們的視野,提高我們的探究力,消除固有偏見,通曉世間大道。

第三章 學習與認知的底層邏輯

學習是一輩子的事，不學行不行

提到學習，大概很多人覺得很陌生了。你還記得自己是從什麼時候開始停止學習的嗎？是不是離開了每天需要上課做作業的校園，你就認為學習已經結束，你的生活從此與學習無關了呢？

如果是這樣，那麼，你現在所做的，就不算是真正地為生活打拚，而只是為了生存。因為判斷一個人對生活、對工作、對感情的態度是否負責，一個重要的地方就看他有沒有在學習。

在這個世界上，車子、房子，我們的容貌，都會隨著時光的流逝而不斷「折舊」，我們賴以謀生的知識、技能也不例外。如果你不願意繼續學習，你的知識就會僵化，缺乏活力，終有一天你會被社會所淘汰。

比爾蓋茲說：「你可以離開學校，但你不可以離開學習。」儘管現在停止學習的人不在少數，但想走得更高、更好，學習就是剛需，是出廠設定，是武器，是你立足社會的底層邏輯。如果誰能始終保持學習熱忱，在走出校門後繼續學習，工作後繼續學習，誰就更有機會獲得成功。學習，永遠是成功者的第一特質。

不知道你有沒有讀過《林肯傳》(*The Unkown Lincoln*)，亞伯拉罕‧林肯（不為人知的林肯）從美國肯塔基州哈丁縣一個貧

苦家庭的孩子成長為一名律師，再到內閣成員，最後當上美國總統，他從未停止過學習的腳步。

林肯一生中接受正規學校教育的時間加起來不足一年。他7歲時開始上學，每星期只去學校2到3天。從那時起，他開始了自己的啟蒙教育。沒錢買紙筆，他就把燃燒過的木頭當成「鉛筆」，在粗糙的木板上寫字母；沒錢買書，他就從鄰居家借書來讀。林肯抓住一切機會學習。當玩伴在山上捉迷藏的時候，他手捧書本坐在樹下閱讀；吃完飯後，他又很快拿起書本；在其他人休息時，他也在認真學習。

不管做什麼，林肯始終沒有忘記過學習。7年裡，林肯做了兩份工作，都是允許他可以長時間讀書的工作。第一份工作是商場店員，第二份工作是郵差。他在空閒時間裡，廣泛閱讀哲學、科技、宗教、文學、法律和政治學方面的書籍。西元1837年，28歲的林肯已經是伊利諾伊州的職業律師了。35歲時，他開始競選公職。他幾乎輸掉了每一次的重大競選，但也一直堅持沒有放棄。51歲時，他成功當選為美國總統。

從貧窮、未受正規學校教育的社會底層人士，到偉大人物之間，學習始終貫穿於林肯的生活中。

常言道：「活到老，學到老。」有些老人言還是多聽聽為好。尤其是當今時代，知識的新舊更替正以一種前所未有的高速呼嘯而至。

第三章　學習與認知的底層邏輯

也許當初你是頂尖大學的高材生，才高八斗、學富五車，但是，知識日新月異，當你走上社會，進入職業生涯時，身邊的一切都在悄然發生著變化。時代的潮流後浪推前浪，歷史的車輪隆隆向前，去年你還引以為豪的技能，今年就被新技術所取代。一名大學生實習期間出了差錯，被部門經理狠狠教訓了。她不服氣，拿出大學教材跟經理爭論。經理拿出最新的產業雜誌，指出她的錯誤在哪裡。她才明白，她在大學裡學的知識很多已經過時，而現在，她必須學習新知識，了解新規定。

知識沒有止境，學習也不應該停止。只有堅持不斷地學習，保持常新，我們才能讓自己不被淘汰。借鑑一位成功人士的話來說就是：

「成功的路上，沒有止境，但永遠存在險境；沒有滿足，卻永遠存在不足。在成功路上立足的根本基礎就是：學習、學習、再學習！」

授人以魚，不如授人以漁

知道要學習是一回事，知道如何學則是另一回事。

事實上，很多孩子厭學的一個重要原因就是他不會，從而對學習失去了信心及興趣。

授人以魚，不如授人以漁

學習的本質是什麼呢？

引用作家葉聖陶先生的一句教育名言：「教是為了不教。」就是說，教育要達到使人獲得透過自學完成自我提高的能力，這種學習更多的是為了掌握認識的手段，而不是獲得經過分類的系統知識。

這很好理解，我們用寶萊塢電影《三個傻瓜》中的一個場景來解讀一下：

課上，老師問：「什麼是機械裝置？」

阿米爾汗回答：「能省力的東西就是機械裝置。比如今天很熱，按下開關，得到陣陣涼風，風扇就是機械裝置；跟千里外的朋友說話，電話就是機械裝置；快速運算，計算機就是機械裝置；從鋼筆頭到褲子拉鍊（他一邊說一邊上上下下拉著拉鍊）都是機械裝置。」

老師對這樣的回答不滿意，就反問他：「考試你也這樣回答嗎？」

此時，另外一名學生的答案是：「機械裝置是實物構件的組合，各部分有確定的相對運動，藉助它，能量和動量相互轉換，就像螺絲釘和螺帽，或者槓桿圍繞支點轉動⋯⋯」

這名「好」同學將機械裝置的定義熟練地背誦了下來，結果得到了老師的讚揚。

如果這種諷刺讓你多多少少感覺「被冒犯」，則恰恰說明你

第三章　學習與認知的底層邏輯

還沒有真正掌握學習的要領。學習的本質，其實是學會建立連結。打個比方，我們學到的各種知識點就好像一個個孤獨的小星星，學完後，它們就散落在大腦宇宙中了。如果沒有建立連結，在以後的生活和工作中，我們再想把它們找出來就很難了。這也是我們平時生活中很少用到從書本上學習到的知識的原因。

那麼如何才能建立連結呢？所依靠的工具就是邏輯。具體點說，就是正確推理事物的規律，挖掘問題點的核心。當我們掌握了系統的方法，就擁有了多元解決問題的能力，可以利用嚴謹的規則去解決問題。如果只是一味地接受很多知識，而沒有透過邏輯這個強大的思維去連結和消化，必然會導致無法有效利用已「學到」的知識去思考、表達和解決問題。

邏輯是一切學習和思考的基石！我們都知道培根（Francis Bacon）的那句名言──「知識就是力量」，但實際上，培根在這句口號後，又明確指出：

「如何應用學問乃是學問以外的、學問以上的一種智慧。」有了知識，並不等於有了與之相應的能力，運用與知識之間還有一個轉化過程，即學以致用的過程。

「學了知識不運用，如同耕地不播種。」如果你有很多知識卻不知如何應用，那麼你擁有的知識就只是「死」知識。「死」的知識如何能解決現實的問題！因此，在學習時，不但要讓自

己成為知識的倉庫，還要讓自己成為知識的熔爐。把所學知識在邏輯的熔爐裡消化、吸收，提高自己運用知識和活化知識的能力，使學習過程轉變為提高能力、增長見識、創造價值的過程。當我們真正將知識內化成自己的思維方式，「成為」身體的一部分時，它們就一定可以發揮出巨大的能量。

生活方式決定了你的認知程度

我們常說：「人比人，氣死人。」那你有沒有想過：人和人之間最大的差距到底在哪裡？

其實，人和人之間的差距既不取決於性別、年齡，也不取決於學歷、權力，人與人的差距本質在於認知。比如，在一家企業中，普通員工關心的是薪資的高低和發薪是否準時；菁英員工更在意的是上升空間和自身價值的體現；而老闆關心的則是公司的效益、產業形勢以及公司的長遠發展等。

有人將其理解為位置不同，焦點就不同。但真相卻是：認知程度不同，才會處於不同的位置，進而關注的焦點也不同。

就像當下人們常說的「人永遠賺不到超出自己認知的錢」一樣，沒有足夠的認知，是斷然無法超越自我、躋身更高階層的。並且，隨著時間的推移，在境況不變的情況下，人與人的

第三章　學習與認知的底層邏輯

這種差距還會越拉越大。

那麼，一個人的認知是如何形成的呢？

搜尋引擎上說：認知，是指人們獲得知識或應用知識以及資訊加工的過程，是人的最基本的心理過程。人腦接收外界輸入的資訊，經過大腦的加工處理，轉換成內在的心理活動，進而支配人的行為，這個過程就是認知過程。

從認知獲取的途徑來看，我們的生活方式往往決定著我們的認知程度。

有人說，在這個資訊大爆炸的時代，獲取資訊簡直太簡單了。

我們甚至只需動動手指，就能遍知天下事。可是，為什麼我的生活依然毫無起色呢？

因為很多時候，你所接收的諸多資訊，實際上並不是資訊，而是「情緒」。如果你的生活就是每天刷刷影片、看看直播等，不但不能讓你獲取多少真實有效的資訊，相反，它們還會不斷消耗你的時間和精力。在流量為王的時代，排除少數資訊真正有價值外，大多數資訊同質化嚴重，而且偏向於娛樂，它們只能暫時讓我們放鬆，卻無法提供更多、更高的「營養」。根據平臺演算法和推薦機制，你喜歡什麼內容，就推薦給你什麼內容；你是哪個層次的人，就會提供給你與你的層次相適應的內容，形成「資訊繭房」，讓我們故步自封。

另外，被動接收資訊是一回事，主動接收有效資訊則是另

生活方式決定了你的認知程度

一回事。只有足夠多的有效資訊，才能讓我們找出資訊之間的關係，進而發掘出事物的規律，找到本質，形成「認知」。

提高認知最好的途徑之一，是多讀書，讀好書。培養並堅持良好的閱讀習慣，它與每天刷短影片的生活方式，重要的區別就在於：一個是主動吸收；一個是被動接納。兩者之間差的是一個思考的過程。只有主動吸納資訊，才有助於我們思考，形成獨立思考能力。

一位獲得重大科學發明獎的青年科學家，談及成功時說：他今天的成功來源於，從小每天堅持的 10 分鐘閱讀。據他回憶，最先，他在母親的要求下，每天閱讀 10 分鐘，讀完以後再去做其他的事情。後來，這逐漸成了他的一種生活習慣，一天不閱讀，再做什麼都不舒服。後來，他考上了大學，四年後赴美留學深造，畢業後回國從事科學研究，現在已經成為一名出色的科學家了。但不管什麼時候，不管在哪裡，每天閱讀已經成了他的一種生活方式。

改變生活方式，改變頭腦，改變認知，進而改變人生。要鞭策自己多學習，以引發更多的、有品質的、有深度的思考，要走出舒適區，走出自我設限的小世界。「讀萬卷書，行萬里路」，去見世面，去長見識，去與那些有更高認知程度的人交流！

第三章　學習與認知的底層邏輯

‖‖‖‖‖‖‖‖‖‖ 在知識「投餵」時代保持清醒 ‖‖‖‖‖‖‖‖‖‖

很多穿越小說、穿越影視劇，會讓一個資質平平的現代人，通過時間隧道，穿越到古代，然後憑藉超前的知識做出種種驚天動地的大事。照這個邏輯看，現代人似乎比古人更聰明。

果真如此嗎？

其實不然。知識的超前並不能代表什麼，只能說明當時他們的祖先還沒有留下足夠的知識讓他們了解這一點，如果我們將這種演繹當作智商提高的依據，那麼必然也會在未來的某一天讓我們的後人也得此體會。

事實上，更為殘酷的真相是，我們的聰明只是「表面現象」，很多人，尤其是我們的下一代，正在逐漸喪失獨立思考的能力。曾有媒體對此進行了深入的調查，最終得出以下的結論：高科技時代的生活讓很多事情的處理變得更為輕鬆了，而輕鬆的生活減少了孩子們動手動腦的機會。充斥在孩子們生活中的動畫與電子遊戲，也因為聲、光、色彩、影像的越來越完美，而擠占了孩子們想像的空間，進而阻礙了孩子們思維的拓展。

對大多數成年人來說，更是從一個「主動學習者」，變成了一個「被動接受者」。大部分時間，我們都躲在網際網路上等待資訊「投餵」：刷刷短影片，看看網路熱門話題，似乎很輕鬆就可以接收到「新知識」。但實際上，「民眾們將會在不久的將來，

失去自主思考和判斷的能力。最終他們會期望媒體為他們進行思考,並作出判斷。」

提出「奶嘴樂」理論的美國高官布里辛斯基(Zbigniew Brzeziński)如是說。一個熱門事件發生之後,某個具有網路影響力的人物發表了他的觀點,你覺得對方的言論很有道理,後來另一個自媒體人發表了相反的觀點,你也覺得對方說得對。就這樣,他們主導著你,牽著你的鼻子走,你會逐漸適應他們為你量身打造的各種資訊,慢慢喪失熱情、抗爭欲望和思考的能力。

那麼,如何才能在避無可避的知識「投餵」時代,依然保持頭腦清醒呢?

非常關鍵的一點是:培養批判性思維。這是一種對他人或自己的觀點、做法或思維過程進行評價、質疑、糾正,並透過分析、比較、綜合,進而達到對事物本質更為準確和全面認識的思維活動。當我們擁有了這樣一種思維習慣,再遇到選擇或接收資訊的時候,就可以作出理性的判斷和思考了。

不過,質疑,並不是毫無依據、隨心所欲地懷疑,否則就容易進入另一個極端,成為「偽獨立思考者」,這就是所謂的「反骨」。

不管別人說什麼,都非要強調一下自己的「特殊見解」,不接受其他任何觀點。

第三章 學習與認知的底層邏輯

會提問且懂得提問才是批判性思維的切入點。下面這個「六問法」是一套很好用的提問模式：

第一問：Who（誰說的）？

說話的人是誰，是名人、權威專家、熟人，還是親人、朋友……他的話重要嗎？

第二問：What（說了什麼）？

他說了什麼，他說的是事實（可以被證實的）還是觀點（表達情感、信念）？

第三問：Where（在哪兒說的）？

他是在哪裡說的這些話，公共場合，還是私底下？

第四問：When（什麼時候說的）？

是事前說的、事中說的，還是事後說的？一般來說，事前說的最有可信度，事後說的多是推卸責任。

第五問：Why（為什麼這樣說）？

他說這話的目的是什麼？有依據嗎？他是不是為了美化或醜化一些人或一些事？

第六問：How（他怎麼說的）？

他說的時候很開心、悲傷、氣憤……是口頭說的還是書面表達的？

通常情況下，當一則訊息傳來，透過這6個步驟進行篩選、

過濾，往往可以過濾掉絕大部分的情緒、偏見和觀點，再透過有實證的事實陳述，最終對事件形成清晰、客觀的認識。

當然，這種能力不是短時間就能培養出來的，也不是一個模式就能學會的。在這個碎片化淺閱讀時代，當我們面對海量資訊時，要做到不人云亦云，不被割韭菜，就需要不斷對自己和他人的觀點進行合理批判，建立推翻再建立的思維模式，反反覆覆這樣加強後，才能形成獨立的思維，才能更理性地去尋求事實真相，探尋人生的更多可能。

深度思考帶來深度認知

許多人存在這樣一個失誤：思考是一個態度屬性詞。他們認為，只要夠專注，夠努力，思考就一定夠深度。但如果是這樣的話，即使每天再苦思冥想，也會始終流於形式或浮於表面。淺嘗輒止的思考，並不能讓我們接近事物本質，深度思考能力也只能是零。

事實上，我們所說的思考的深淺度，只是相對於掌控或接近事物本質或執行規律而言，越接近事物本質或事物的底層邏輯，思考就越深入。如果我們養成了深度思考的習慣，提高了認知層次，就會發現很多新問題都是舊問題披著「新外衣」而

第三章 學習與認知的底層邏輯

已。事實上,洞悉了問題本質,就知道如何去解決問題了。

深度思考,說白了,其實就是進行有邏輯、有條理,且能夠逐層深入的思考,最終成功找到事物的底層邏輯。比如,你今天的工作沒有做好,你要進行反思。怎麼反思呢?首先,要清楚標準的工作流程。如果你把流程弄錯了,你就要追問自己:為什麼沒有事先弄清楚標準?是因為沒有時間,是自己不夠重視,還是不知道如何獲取相關資訊?如果是因為不夠重視,那麼,是什麼導致沒有重視?在執行的時候,心裡是如何想的?是透過哪些因素來判斷優先順序的?是這些因素本身有誤,還是自己對這項工作的理解不到位?

如此,一步步地深入思考,直至找到問題的根源,進而知道自己錯在什麼地方。接下來,要把「原因」轉化為「行動」。堅持用這種思考方式做事,並逐漸內化為習慣,你會發現,這種深度思考給自己帶來的變化是非常大的,它將不斷深化你的認知,推動你進步。

當然,這種深度思考能力不是天生的,它是一種後天習得的能力,跟健身一樣,越練才會越強,不練、少練就會減弱。

邏輯、知識和經驗,是影響深度思考的三個主要因素。要想提升深度思考能力,就需要在這三個方面下功夫。我們可將其具體化為:

多讀、多聽、多看、多做。讀什麼?讀邏輯、哲學以及各

個領域的經典書籍。聽什麼？聽別人的演講和報告。讀和聽，補的是邏輯和知識。看什麼？看這個世界以及世界上的新鮮事。做什麼？做嘗試、做梳理、做總結。看和做，可以增加你的經驗。只要持續地刻意練習，慢慢你就會欣喜地看到自己的改變。

從認知世界到認知自我

我們從外界獲取足夠多的資訊，來認知這個世界，卻常常忘了自己也是這個世界的一部分。自我認知，其實同樣重要。

一隻山羊想吃菜園裡的白菜，卻被一道柵欄擋住了。當太陽慢慢從地平線升起來時，山羊看見自己的影子很長很長，以為自己很高大，於是自言自語地說：「我如此高大，定能吃到樹上的果子，吃不吃這白菜又有什麼關係呢？」之後，牠轉身朝果園方向跑去。

到達果園時，正午的陽光將牠的影子變成了很小的一團。「唉，原來我這麼矮小，看來吃不到樹上的果子了，還是回去吃白菜吧！」

於是，牠又匆匆忙忙轉身往回跑。

等跑到菜園子的柵欄外時，太陽已偏西，牠的影子又變得

第三章　學習與認知的底層邏輯

很長很長。「我為什麼非要回來呢？」山羊很懊惱，牠想：「憑我這麼高的個子，吃樹上的果子是一點兒問題也沒有的。」於是，牠又向果園跑去。

很可笑，對不對？但這與我們時而自高自大，時而自輕自賤何異？

如果你認知自我的程度，與你認知世界的程度不匹配，則很容易「跑偏」。如果自視甚高，容易脫離現實，守著幻想度日，怨天尤人，常常小事不去做，大事做不來，最終一事無成；如果妄自菲薄，則容易產生自卑感，容易自暴自棄，本來能順利完成的事，也不敢去嘗試，最後抱憾終生。

如果回顧過去，你會發現，自己曾經犯過的很多錯誤、走過的很多彎路，都和自我認知不清晰有關，比如，你學習繪畫，最後卻沒走這條路，因為你不知道自己真正的天賦在哪裡；別人推薦什麼課，你都嘗試一下，因為你不知道什麼才是你所需要的；你工作多年，卻沒有累積多少工作經驗，因為你只顧頻繁跳槽，卻不知道自己想要什麼；你想發文，卻怕別人指指點點，因為你根本不清楚自己的目的……迷迷茫茫過一生，皆因自我認知不清。

認識自己不像照鏡子那麼簡單，它是一件不容易做好的事。「不識廬山真面目，只緣身在此山中。」說的就是這個道理。自我認知，需要對自己有多方面的認識，需要保持頭腦的清醒。

可以透過朋友對自己的看法，了解自己、總結自己。也可以把自己與比較熟悉的人作比較，衡量自己的水準及在團體中的地位，找到差距和努力方向。

人每時每刻都在成長，人的自我認知也隨之有所變化。這對自我來說，是一個比較痛苦的過程。因為人們內心普遍存在一種執著，就是不願改變固有的僵化思維和生活模式。改變意味著不確定性，不確定性預示著有風險。所以，有必要提醒自己：原來的模式可能會把我領進「死路」，只有突破才能找到新的出路。

突破的一個重要方法是自省，即自我反省，就是透過自我意識省察自己言行的過程。艾森是美國財經界一位重量級人物。當別人向他請教成功的原因時，他說：「幾年來我一直有個習慣，就是把每天的活動都記錄在一個小手冊裡。星期日晚上，我總利用一段時間做一週的總反省，然後問自己：『我是不是犯什麼錯誤了？該怎麼做才好？怎麼做才能促進自己的工作？從錯誤的經驗中我學到了什麼？』」「當然，有時候這種反省會把自己弄得心情鬱悶，自己的失誤竟是那麼多。可是，要堅持改變，一段時間後，會發現自己的大多數短處逐漸被克服了，缺點愈來愈少。」

需要提醒的是：自省不是外在的強加，而應該像吃飯、睡覺那樣成為我們自覺的行為。而且，它既不等同於自怨自艾，

也不是求全責備,而是精神層面上的主動省察,是對靈魂的追問。如果可以做到,就能對自己時刻保持一種清醒的態度,並作到揚長避短,最大限度地發揮自己的潛能,進而獲得更大的成功。

其實,不管是認知世界,還是認知自我,都是一個漫長的過程,甚至是一輩子的事。在一次次踩坑、覆盤中,加深對自己的了解,同時也會逐漸感受到它的力量,對這個世界也會看得更清楚。

無所不能就是無所能

我們常說一個人潛力無限,那是不是意味著任何人都有可能成為無所不知、無所不能的「超人」呢?

事實恰恰相反。我們發現大凡成功人士,都有一個共同的特徵,那就是:專做一件事。

例如:巴菲特專做股票,很快成了億萬富翁;女作家J.K.羅琳40多歲才開始寫作,而且只是以哈利波特系列為主,最後「寫成」億萬富婆;曾經的世界首富比爾蓋茲也是一條路走到底,專心做軟體;零售業的龍頭老大沃爾瑪,自始至終只做零售;通用汽車,一百多年來只做汽車與配件⋯⋯可以說,他們的成

就都得益於「一生只做一件事」。

　　這個道理其實很簡單。比如經營餐廳，經營者想：妻子想吃中式春捲、丈夫想吃東北酸菜白肉、孩子想吃美式炸雞，那麼同時經營美式、東北菜、粵菜等豈不是更好！對經營者來說，道路似乎很寬，但是顧客會怎樣想呢？顧客卻覺得：一個飯店同時做這麼多種菜，恐怕哪一種都做得不精，還是專門經營一種菜系的餐廳更可靠。結果你的餐廳不是增加了生意而是減少了生意。這就是為什麼專門做一個類型菜的餐廳，如美式料理、粵菜、湘菜、東北菜等往往生意比較好，就是因為專門做一種菜系的餐廳，精力集中，資源分配到位，更容易做好。如果什麼都做，精力分散，資源分散，就可能哪樣都做得馬馬虎虎。

　　「年輕人事業失敗的一個根本原因，就是做事沒有目的性，他們的精力太過分散，以至於一無所成。」這是成功學大師戴爾・卡內基（Dale Carnegie）在分析了眾多個人事業失敗案例後得出的結論。

　　事實也的確如此，許多生活中的失敗者幾乎都在好幾個產業中艱苦奮鬥過。他們往往以為自己無所不能，所以想在各個方面都出人頭地，成為人人羨慕的能手。於是，他們既當業務員，又做技術員；既跑業務，又做專案；既跑市場，又做創作，還投資開公司⋯⋯結果得不償失，竹籃打水一場空。

第三章 學習與認知的底層邏輯

正所謂「術業有專攻」,就像競技體操一樣,有的人擅長跳馬,有的人平衡木技術好,還有的人藝術體操好,但很少有人是「全能冠軍」,如果我們想抓住手中所有的東西,可能什麼都抓不住。其實只要依靠自己的所長,做好自己最能做好的事就可以了。

不過,要想在世事喧囂、紅塵滾滾中靜下心來,只專注於某一方面,是一件不容易做到的事,意味著要對自己有一個正確的認知,意味著要和欲望的誘惑作鬥爭,還有可能要放棄看起來不錯的發展機會,但是只有這樣,才更有可能達成心中的目標。

世界上最大的浪費之一就是把寶貴的精力無謂地分散到許多事情上。一個人的時間有限、能力有限、資源有限,想要樣樣都精、門門都通,絕不可能辦到。如果想在任何一方面都做出一番成就,就一定要牢記這條成功的真諦。

他人,於我而言是什麼

有一個小和尚非常苦惱沮喪,禪師問他原因,他回答:「東街的大伯稱我為大師,西巷的大嬸說我是騙子;張家的阿哥讚我清心寡慾、四大皆空;李家的小姐指責我色膽包天、凡心未

> 他人，於我而言是什麼

了。究竟我算什麼呢？」禪師笑而不語，指指身邊的一塊石頭，又拿起面前的一盆花。小和尚瞬間恍然大悟。

其實，禪師的笑而不語，道破了生命的一個本義——石塊就是石塊，花朵就是花朵，自己就是自己，不必因為他人的說三道四而煩惱，他人說就由他去說。

但大多數時候，我們卻都像這個小和尚一樣，在做一些事情的時候，很容易被他人的言語、眼神、手勢等影響和左右。我們在意他人對自己的看法，在意自己在他人眼中的樣子，久而久之我們就失去了本真的自己。

其實，嘴長在別人臉上，你若想要他人在背後閉嘴不談論你，除非你是隱形人。無論你付出了多大的努力，即便你做得近乎完美，就像你在奧運上拿了金牌，就像你已經是世界級明星了，也會有人不喜歡你，還會有人向你發出噓聲，甚至扔臭雞蛋。因為每個人都有自己的喜好、自己的想法和觀點，還有很重要的一點是，他們並不了解你。西元19世紀美國偉大的浪漫主義詩人朗費羅（Henry Longfellow）曾經說過：「我們根據自己認為能做到的事，來判斷自己的能力；別人則根據我們已做的事，判斷我們的能力。」所以，我們唯一能做的，就是不要理會那些「風言風語」。

實際上，他人對我們的影響還不止於此。有時，我們還容易將他人的成功變成傷害自己的致命武器——盲目羨慕他人的

第三章 學習與認知的底層邏輯

成功,然後貶低自己的價值。

例如,同梯和你成績差不多的兄弟順利考取了研究生,而你卻落榜了;小時候與你一起玩耍的哥們兒這幾年做生意發了財,而你還在拿著死薪水熬日子⋯⋯這些事情恐怕很難讓你心平氣和,也許你會為了爭一口氣而再次加入考試大軍,或者也去下海經商。

你大概很少去考慮,考研究所到底是不是自己現在的最佳選擇,下海經商是不是你所擅長和喜歡的。其實這時候,你在拿別人的標準來衡量自己。如果你的嘗試成功了則好,一旦失敗了,就會嚴重挫傷你的積極性,甚至會使你變得怨天尤人、自暴自棄。

新的遺傳學明確地告訴我們,你之所以是你,是因為你父親的 24 個染色體和你母親的 24 個染色體所遺傳的。「在每一個染色體裡,」阿倫・舒恩費說,「可能有幾十個到幾百個遺傳因子 —— 在某種情況下,每一個遺傳因子都能改變一個人的一生。」一點兒不錯,我們就是這樣「既可怕又奇妙」的構成 —— 我們每個人都獨一無二,所以你無須向別人看齊,更不要拿別人的標準來要求自己,那只會適得其反。與那些傑出的大人物相比,我們可以普通,但絕不卑微。

正視自己的一切,無論是優點還是缺陷;學習發現自己的潛能,並努力在人格上、道德上追求成熟、圓滿,你將會發現:

> 他人，於我而言是什麼

做自我真好！

另外，人類的本能會讓我們做事時喜歡「依賴」他人。這或許可以換來一時的輕鬆，但卻往往是以失去獨立的人格為代價的。因為過度依賴他人，其實就是在否定自己，過分依賴別人的人無異於放棄了對自己人生的支配權。

如果你想擺脫依賴，十分重要的一件事就是：拒絕所有來自身邊的過度關懷，以及非必要的協助。簡單來說，就是所有你可以靠自己完成的事情，都不要依靠他人幫你解決。在工作或者生活中，要勇敢面對問題，培養獨立思考問題的習慣，努力提高獨立解決問題的能力。

當然，這不是要我們在遇到問題時，如同瞎子摸象般地不停摸索，也絕對不是自以為是地盲目前行，必要時當然可以向他人請教和尋求幫助。

要注意的是，在我們拒絕他人幫助的時候，要確保自己有解決這個問題的能力，否則，這件事情恐怕永遠不會有被解決的一天。

總之，不被他人的評價所左右，不因他人的優秀而自貶，不因他人的成功而自棄，「我就是我」，獨一無二的我，這是你人生的底層邏輯。

第三章　學習與認知的底層邏輯

############## 固執背後，是你的低度認知 ##############

烏鴉喝水的故事聽過吧？我給你講個續集。

這隻烏鴉因為上次用投小石子抬升水位的方法，喝到長頸小瓶裡的半瓶雨水，而被寫進了寓言裡，出名了。這一天，這隻出了名的烏鴉飛到一個村莊去看熱鬧，又遇上了找不到水的事情。因為這裡正發生乾旱，溪水全乾了，田裡旱開了裂縫，只有村子後面的一口井底有些水。可是這個井口很小，井又很深。口渴的烏鴉試了幾次都飛不下去，而且幾次都碰到井壁上，牠只好又回到井臺上來。

這時，牠忽然想起了自己「投石入瓶喝水」的光榮事蹟，高興地叫道：「哇！哇！我怎麼把這個好經驗忘了呢？」

於是，像上次一樣，牠叼來一顆顆小石子，並且把牠們一一都投到了水井裡，可是，結果跟上次不同，牠投了半天，井水都沒有上來。這時，樹上的喜鵲說：「喳喳！烏鴉先生，您別忙了，這是水井，不是您原先的那個長頸瓶子，怎麼還是用那個老辦法呢？喳喳！」

「哇！哇！你懂什麼？」烏鴉不屑地斜了喜鵲一眼，「我的方法是經過專家鑑定的，上過書本，到哪裡都可以用，放之四海而皆準，怎麼會不靈呢？哇！哇！」烏鴉繼續向井裡投石子。

當然，結果不用說，可想而知了。

固執背後，是你的低度認知

你或許會嘲笑烏鴉的愚蠢，可是很多時候，我們又何嘗不是這樣一隻「烏鴉」呢？雖然並不愚鈍，卻常常陷入某一個絕對沒有好處的事情中不能自拔，任憑周圍的親戚、朋友、旁觀者百般勸說，始終執迷不悟，甚至還要找出很多幼稚的理由來欺騙自己，直到有一天，當遭受重大打擊，才幡然醒悟，追悔莫及。歷史上不乏這樣的例子，劉備一心為關羽報仇，不聽眾將勸告，舉兵伐吳，結果大敗而歸，身死白帝廟；馬謖不聽王平勸諫，固執己見，痛失街亭；宋江執著於招安，葬送了農民起義……一個人過於固執最終只會傷人傷己。

道理你多半懂得，但是很多時候卻不清楚什麼時候該堅持，什麼時候該放棄。這是因為固執的背後是我們的認知在「發揮」著作用。

我們的認知不是生來就有的，它是從低到高發展起來的，我們對還沒領略過的更高認知一無所知，但是對於自己親身經歷過的低認知層級，卻天然地具有理解優勢。固執的人常會陷在自己的認知層級裡，無法自拔，自以為自己的堅持就是對的，當他接觸到更高層次的結論、理念時，卻本能地牴觸。

實際上這也是經驗主義在作怪。經驗主義者將經驗認為是知識或可靠信念的最重要甚至唯一來源，而這便產生了固執。顯而易見，這種「堅持」並不是一種美德，反而是愚昧的表現。尤其是在一個快速變化的世界中，這絕不是一件好事。它會限

制我們的頭腦，使我們看不到新東西，創造不出新方法。正如思想家愛默生所說：「庸人之所以平庸，就是因為他們的思想過於固執。」因為我們主動拒絕了自己的成長與進步，未來的路將會越走越窄。更可怕的是，這種限制是你自己給自己設定的，沒有人能開啟這種限制，你只有不斷提升自己的認知，讓自己的思維向外開啟，才能避免掉入「固執」的陷阱。

不可否認，突破自己很難，但這是提升自己認知的必要途徑。

打破固有認知，容納更多的認知，你就越知道自己的不足之處，也越堅信學無止境，也就越能理解社會的多樣性。

第四章
職場生存的底層邏輯

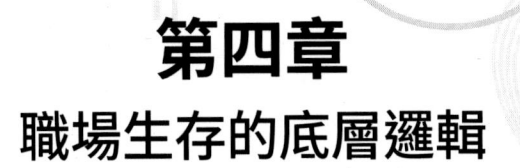

很多人習慣用戰術上的勤奮去掩蓋策略上的懶惰,這是本末倒置。停下盲目的奔忙,從底層邏輯出發,花時間認真思考讓事業上升的路徑,未來的職場之路一定會清晰明確很多。

第四章　職場生存的底層邏輯

工作原動力是真正的熱愛

作為普通上班族，我們上班的多數時間都是在重複做著相同的事。每天上班，朝九晚五，天天如此，年年如此。「無聊」、「單調」、「乏味」……便成了我們的口頭禪。有時，我們也會想辦法試圖去「解決」這種狀態，最常見的方式就是更換工作。可是，換了新工作之後，卻發現又陷入了另一種重複的生活，於是將之形容為：不過是從一個火坑跳入另一個火坑。

既然換工作不是解決問題的良方，那麼該怎麼辦呢？

其實，不管是工作還是做其他事情，其底層邏輯都應該是一種渴求感，或者叫興趣、熱愛。它是推動我們去尋求知識和從事某項活動的一種精神力量、一種原動力。

可以試想一下，一個不渴望麵包和牛奶的人，會為了得到它們而付出辛苦的勞動嗎？當然不會。一個人只有當對某件事情產生濃厚的興趣和有強烈的達成願望時，他才會願意採取行動，並願意堅持下來直到目標達成。

事實上，許多事業上取得成功的人都得益於此。美國著名電影導演達倫・阿倫諾夫斯基（Darren Aronofsky）在一次演講中說：「我盡力讓我的生活沒有遺憾，我盡力選擇那些讓我覺得充滿樂趣、讓我喜歡的道路，因為那樣的路才是正確的。」被稱為「壓力之父」的塞利（Hans Selye）博士曾經說過：

> 工作原動力是真正的熱愛

「雖然我每天都要從早上五點一直工作到深夜，但我從來不認為這是一份工作。相反，我更覺得自己是在做一個十分有趣的遊戲，因為我喜歡。」對「發明大王」愛迪生，有人曾質疑他如此拚命工作到底累不累，可是他卻說：「因為我喜歡做實驗，所以從來沒有把它當成頭痛的工作。」

工作，從來都不是靠外界的「胡蘿蔔加棍子」來驅動的。動物行為學家克拉克·赫爾（Clark Hull）曾做過一個「讓老鼠學會走迷宮」的實驗。

透過這個實驗他發現，要讓老鼠完成迷宮的穿越，僅提供食物刺激是不夠的，食物刺激只是一種對結果的獎勵。如果老鼠沒有飢餓感，食物就失去了它的價值。它必須是某種需求（擺脫飢餓）和對這種需求的回應（食物刺激）結合在一起的結果，即老鼠行動動機＝擺脫飢餓＋食物刺激。對上班族來說，這條結論同樣適用，公式變成：

工作動機＝需求＋價值。僅僅靠薪水刺激，工作必將出現困境，個人的職業生涯也將受到影響。

美國人史蒂芬·倫丁（Stephen C. Lundin）、哈里·保羅（Harry Paul）和約翰·克里斯坦森（John Christensen）合著的《魚》（*Fish: A Proven Way to Boost Morale and Improve Results*）一書中，有這樣一句非常有意義的話：「當我們死心塌地地熱愛自己所做的工作時，我們才能享受每天有限的幸福，過得滿足而又有意義。」

第四章　職場生存的底層邏輯

不過，讓我們死心塌地地熱愛自己的工作，並不容易。

首先，我們要弄清自己真正的興趣所在。有些事情，我們看起來對它們感興趣，但事實上卻不是我們真正的熱愛，只是一時的心血來潮，就好像愛一個人，沒有相處前，把對方看成神，相處了才感覺「沒有意思」。

其次，還要明確興趣不只是好玩。熱愛的事情應該有其積極意義，我們要找出這個積極意義，為我們提供師出有名的支持。

再次，看看自己適合不適合從事所熱愛的事業。對熱愛的事情有了初步判斷之後，我們要看看自身條件，適合不適合從事這項事業。

最後，慎重做出決定。前三項確定後，慎重做出自己的決定。

同時，做好認真努力、發憤圖強的準備。

當然，很多時候，我們並不見得總能根據自己的興趣隨心所欲做事。這時候，有一個簡單可行的解決途徑，那就是——想辦法愛上現在正在做的工作。一部電視劇中時有句臺詞這樣說：「一道菜燒得好壞，原料不重要，調料不重要，火候也不重要，最重要的是燒菜人的那顆心。」當我們經常有一個日子不值得全力以赴的想法的時候，那幾乎所有的日子都會過不好，最終我們所收穫的，恐怕也只能是一個「不值得的人生」。所以，把「不值得」丟出你的思維圈，不只選擇你所愛的事情，還要愛你所做的事情，那麼許多問題都可以迎刃而解了。

努力就一定能取得好結果嗎？

　　有一個人出差外地考察市場，臨行前一晚和朋友在外面玩得比較盡興，回到家已經很晚了，擔心睡過頭錯過班機，就在沙發上休息了一下。由於第一次去，並不知道當地十一月分已經很冷了，因此，沒有拿厚衣服，下了飛機凍得頭痛，又因為沒有提前訂票，到了之後只買到了火車站票。晚上沒休息好，又在火車上站了兩個多小時，在抵達的那一瞬間，他覺得自己實在太不容易了。

　　你是不是也覺得他為了生意已經很努力了？

　　可惜，受苦不是努力的同義詞，也「生」不出收穫的果實。他的這些所謂的「努力」和他最終是否把生意做好，沒有多大的關係。

　　試想一下，如果他前一天晚上能早點上床睡覺，多準備點衣服，提前在網路上把火車票訂好，完全可以舒舒服服地達到同樣的目的。

　　有人說，現在是一個連傻瓜都會努力的時代。但很多時候，這種努力只是在跟時間打持久戰。看起來每日起得比雞早，睡得比狗晚，這樣就能說自己很努力了嗎？這哪裡是努力，根本就是打著「努力」的幌子一本正經地浪費時間。最後失敗了，好像還不是自己的錯，而是時光虛度了自己。

第四章　職場生存的底層邏輯

其實努力，也是有自己一套底層邏輯的。真正的努力，應該是一種明白自己在做什麼，又能在適當的時候全力投入，而非內心煩躁焦慮，表面廢寢忘食。它需要你在客觀認識自己的基礎上，確立一個正確的目標，然後持續地努力。就像我們常說的，先做正確的事，再正確地做事。具體來說：

首先，要進行準確的自我分析。管理界中有一句名言：沒有最好的，只有最切合實際的。每個人的個性、天賦、才能、所處的環境是不一樣的，而我們所要做的，不是抱怨自己不如別人的地方，而是認真分析自己擁有的資源和條件，然後找出適合自己做的事情。

可以問問自己：想做什麼（興趣），能做什麼（能力），適合做什麼（綜合素養），對自己進行定位。

其次，需要確立一個相對明確的目標。不管你想要的是什麼，你都要將它變成一個相對明確的目標，不能模糊不清，這樣，你才能明白接下來該做哪些努力來實現這個目標。現實生活中，大多數人上班，只是機械地做著重複的工作，正是因為沒有清晰的目標作指引。許多人在公司五年，卻沒有五年的經驗，只能說有五次一年的經驗。他們一再重複過去的表現，對未來從不訂立特定的目標，這樣的努力實際上意義很小。

另外，還要注意，剛開始訂立的目標應該是具體化和簡易化的。

也就是說剛開始的目標不但要具體，還要容易實現。小小的成就也會給我們帶來鼓勵，有利於後面更大目標的設立和實現。一味好高騖遠，往往欲速不達。為此，可以將大目標分解為多個易於達到的小目標，然後腳踏實地，逐個完成。回報也許就會在不經意間，以出人意料的方式出現。

能力是你職場生存的底氣

從情商（EQ）進入大眾視野開始，能力與之相比誰更重要，就成為職場永遠繞不開的一個話題。其中很大一部分人覺得，職場是一個完全拚情商的地方，那些「見人說人話，見鬼說鬼話的人」，總是能更快獲得晉升的機會。

事實果真如此嗎？

讓我們用底層邏輯分析一下：

職場是什麼性質的場所？職場，從根本上說是個做事的地方。

而做事，需要腳踏實地付出，需要經驗和技巧，經驗和技巧就是能力，而代表能力水準的主要是智商（IQ）。那些一味強調情商，覺得情商重要的人，大多數是能力或者說智商不行的人。平時所看到的那些只靠會說話就平步青雲的人，業務能力也多半不差，否則是一定走不長遠的。

第四章　職場生存的底層邏輯

　　IQ＋EQ才能所向披靡！如果兩者只能取其一，那也要先提升自己的智商，也就是解決問題的能力，再去研究如何好好說話。不能做實事，不能解決問題，不能帶給企業實際價值收益，恐怕再會說話也無濟於事。這個順序千萬不要搞反。事實上，哪個產業都不乏一些「放縱」的人，哪怕脾氣差一點，火氣大一點，任性一點，但只要在工作中有某方面過硬的本事，總能找到立足之地。

　　億萬富翁洛克斐勒（John Rockefeller）說：「如果把我剝得身無分文丟在沙漠中，只要有駱駝隊經過，我就可以重建整個商業王朝。」這其實就是能力帶來的自信。你的工作能力，才是你在職場最強的底氣。所以，與其花時間揣摩如何說話讓對方受用，還不如想辦法提升自己的工作能力。

　　令人欣喜的是，人的潛力是無限的。電腦可能會遇到硬碟已滿的情況，而人腦絕對不會。你可以不斷地向前推進你的極限，從而達到更高的層次。

　　關於如何挖掘潛力、提升能力，我們提供了一些建議，可以參考一下：

　　第一，潛心思索一下，找出那些阻礙和制約你前進的因素。問問自己：「為什麼別人能創造出不凡的業績，而我卻不能？」、「別人能夠實現自身的價值，為什麼我就不可以呢？」、「和別人相比，我有什麼優勢？」……在這種自我發問和診斷中，將會在

身上「挖掘」出很多寶貴的品質和能力,當然也會發現一些毛病和不足。之後,根據自身的優勢和特長來確定應著重開發的潛能。只有這樣,才能使自身的潛能開發和利用事半功倍。

第二,對內在力量加以有效的運用。時刻反省自己、調整自己、激勵自己。這意味著:你應該「主動地追求」,主動完成自己的工作,而不是等著別人安排或督促;你要保持「開放性學習」,接受新知識,不斷完善和充實自己的知識結構;你要「愈挫愈奮」,將困境視為機遇,努力尋找更好的解決方案,而不是抱著「做得了就做,做不了就算了」的心態。

第三,給自己一個合理的「誘惑」。從某種意義來說,每個人都在下意識地尋求更大領域、更高層次的發展。有理性的自我,是絕不願意停留在任何一種狹小的、有限的狀態之中的,而總是想不斷開拓,以取得更大的發展,從而更好地生存。這種熾熱的、旺盛的發展需要,是渴望成功的表現,是潛能蓄勢待發的前兆。給自己一個合理的「誘惑」,就能很好地將自己的潛能激發出來。

第四,勤學加苦練。勤學絕對是增加潛能基本儲量及促使潛能發揮的最佳方法。知識豐富必然聯想豐富,而智力程度正是取決於神經元之間資訊連線的接觸面和資訊量。可以多做一些開發潛能的練習、測驗和訓練等,如「潛意識理論與暗示技術」、「自我形象理論與觀想技術」、「成功原則和光明技術」、「情商理論與放鬆入靜技術」等。

第四章　職場生存的底層邏輯

躺平不能真正對抗競爭

放眼望去，從小孩到大人，從生活到工作，處處皆「競爭」。「上課假裝睡覺，耳朵偷偷聽講」、「寧可累死自己，也要贏過同事」⋯⋯此類文案大家是不是早已經耳熟能詳了？

對大部分人來說，競爭並非出於自願，而是被迫裹挾其中，由此，誕生了另一種文化──躺平文化。「躺平文化」的核心邏輯：只要我躺得足夠平，競爭就輪不到我；只要我不參與，資本就利用不到我。

但實際上，躺平並不能真正對抗競爭，而是直接被「踢」出局了。

要避免競爭，我們首先要了解競爭。競爭的本質，是大量需求相同的人在競爭少數資源，從而引發惡性競爭，使得競爭成本變高，但回報卻不匹配，結果導致大量的人被迫出局。簡單說，就是過度競爭，而且是同一層級的人的競爭。它的問題在於，即使「爭贏」周圍所有人，距離世界一流水準還差十萬八千里。

根據底層邏輯思維，我們要反競爭。如何做呢？可以用競爭的思維來對抗競爭本身。也就是說，我們用不競爭的方式，獲得和競爭的人相同甚至更高的回報，這樣就將問題解決了。

具體來說，有以下兩個方向：

躺平不能真正對抗競爭

一是改變競爭模式。競爭其實就是內部之間在進行「零和賽局」，參加者有輸有贏，贏家所得正好是輸家所失，總成績永遠為零，是謂「零和」。一旦人們開始認識到「利己」不一定要建立在「損人」的基礎上，透過有效合作，皆大歡喜的結局是極有可能出現的，那麼競爭也就被打破了。

我們可以借鑑一下日本企業界「競合關係」的做法，即在競爭之中要保持一種合作關係。這就好比一家人在一個鍋裡盛飯吃，吃得快的人總是吃得多，吃得慢的人總是吃不飽。這時有三種選擇。

一種選擇是吃得快的人放慢速度，讓吃得慢的人多吃一點。在企業競爭中，這種辦法行不通，因為這是平均主義的做法，有悖於競爭精神。再有一種選擇是吃得慢的人把鍋砸爛，「如果我沒飯吃，那麼你也別想有飯吃」。這種選擇的結果是大家都沒飯吃。其實，最好的選擇應該是第三種選擇，那就是使鍋裡的飯多起來，使吃得慢的人加快速度。使鍋裡的飯多起來需要大家共同努力，就好比競爭企業有責任把市場培養大一樣，這是合作的關係，是大家共同利益所在；使吃得慢的人加快速度，這是競爭關係。因為不管鍋裡的飯怎樣增加，吃得慢的人依然吃得少。

而要讓吃得慢的人快起來，就涉及了第二個方向：用效率換成績，而不是靠時間的延長獲取。

第四章　職場生存的底層邏輯

效率專家艾維・李（Ivy Lee）有一套提高效率的思維方法：「你明天必須把要做的最重要的工作記下來，按重要程度編上號碼。最重要的工作排在第一位，依此類推。早上一上班，立即從第一項工作做起，一直到完成為止。然後用同樣的方法對待第二項工作、第三項工作⋯⋯直到你下班為止。即使你花了一整天的時間才完成第一項工作，也要這樣做。只要它是最重要的工作，就堅持做下去，每一天都要這樣做。」

正如沒有一朵花會等著與其他花一起綻放一樣，我們也不要讓別人的步伐，打亂自己前行的節奏。當你正處於競爭的焦灼中時，不妨靜下心想一想自己追求的是什麼，面對自己內心的底層欲望，理性規劃自己的人生方向。如果你現在所處的環境，不允許你脫離非理性競爭，擺脫競爭，那就徹底跳出來，在更大的空間和時間裡尋找自己的位置。

你有職場拖延症嗎？

先來做個測試，看看你的拖延症幾級了。

回答下面 9 道題，用筆記錄下分數，並相加得出總分。

計分方式：

我不會或極少這樣：計 1 分；我很少這樣：計 2 分；我有

> 你有職場拖延症嗎？

時這樣：計 3 分；我時常這樣：計 4 分；我就是或總是這樣：計 5 分。

其中，第 2、5、8 題為反向計分，即由「我就是或總是這樣」至「我不會或極少這樣」的分數為 1 至 5 分。將以下 9 道題的分數相加，即為拖延測試的總分數。

測試題目：

(1) 我將任務推遲到了無法再拖延下去的程度。

(2) 不管什麼事情，只要我覺得需要做，就會立即去做。

(3) 我經常為沒有早些著手而後悔。

(4) 我在生活中的某些方面經常拖延，儘管明知道不該這麼做。

(5) 如果有很重要的事情，我就會先做完它，再去做那些次要的。

(6) 我拖得太久，這令我的健康和效率都受到了不必要的影響。

(7) 總是到了最後，我才發現其實可以更快地完成它。

(8) 我很妥善地安排我的時間。

(9) 在本該做某件事的時候，我卻在做別的事情。

測試結果：

19 分及以下：輕微拖延，約占人群的 10%，「要緊的事先做」應成為你的座右銘；

第四章　職場生存的底層邏輯

　　20 至 23 分：輕度拖延，占人群的 10% 至 25%，通常不會影響正常工作和生活；

　　24 至 31 分：平均水準的拖延，約占人群的 50%，你總是認為「一會兒再做也可以」；

　　32 至 36 分：中度，占人群的 10% 至 25%，總是無法在規定的時間內完成工作；

　　37 分及以上：重度，約占人群的 10%，「明天吧」是你的口頭禪。

　　其實拖延並不是一個非黑即白的問題，每個人都會拖延，只不過有些事拖得，有些事拖不得。如果它已經影響到你的生活和工作時，那麼，消除它，就變成了必須解決的問題。

　　造成拖延的原因有很多，比如懶惰；逃避壓力；害怕失敗；認為不是最好就是失敗的完美主義……但要解決拖延，一條就夠了：

　　立即行動！

　　立即行動，要的是，以合理的方式、合理的時間去實現合理的目標。

　　合理的方式，就是將工作分出輕重緩急，然後按重要和緊迫的程度，將其分列在四個象限裡：重要而且緊迫、重要但不緊迫、不重要但緊迫、不重要也不緊迫。之後，確立正確的做事順序：首先做「重要且緊迫」的事情；其次做「重要但不緊迫」

的事情;再次做「不重要但緊迫」的事情;最後做「不重要也不緊迫」的事情。

合理的時間,就是聚焦於「時間盒子」,而不是截止日期或者目標日期。很多書籍和文章,給我們的建議大多是給自己制定一個工作完成的截止時間,目的是製造緊張感,以提升我們的行動力。

但在實際工作中,往往是:如果截止日期臨近了,我們容易產生焦慮,而如果截止日期還很遠,我們會繼續拖延。

所謂的「時間盒子」,是指把一天的時間分成若干份,也就是分成一個一個的「小盒子」,然後在這些「小盒子」中,放入相應的目標和任務。接著在這個給定的時間內盡全力去達成目標,其間要隨時追蹤其完成情況。如果截止時間快到了但預定的任務尚未完成,那麼也不要猶豫,堅持按照原定計畫去做,直至完成任務。

初級階段可以將「時間盒子」定為 30 分鐘,這樣一天就有 48 個「盒子」。睡眠時間 7 小時,占 14 個「盒子」。其他事情按照重要性、緊急性原則逐個排列。簡單來說,就是減弱時間的概念,增強某段時間的概念。這樣做的好處是:不再把注意力放在結果上,而放在執行任務的過程中,可以降低因結果而產生的對情緒的不利影響,也不受截止日期的影響。

第四章　職場生存的底層邏輯

‖‖‖‖‖‖ 職場人的核心思維——「老闆思維」 ‖‖‖‖‖‖

在職場中，所有的工作，其實都可以歸結為一件事，那就是：解決問題。如果我們可以找到解決職場中所有問題的通用方法，也就是它的底層邏輯，那麼一切問題也就不是問題了。

而要找到這個底層邏輯，需要先從工作的意義說起，我們要知道，我們為什麼而工作？

很多人認為工作是為了別人。公司是老闆的，我只是替別人工作，工作得再多、再出色，得好處的還是老闆，於我何益？這些人秉持的是一種「員工思維」。在這種思維主導下，他們總是喜歡精打細算，不由自主地把自己的工作結果和工作品質直接跟當下實在的金錢回報掛鉤。也由此，有的員工天天按部就班地工作，一到下班時間連一秒鐘也不願耽擱，率先衝出辦公室或工廠；有的人甚至趁老闆不在時沒完沒了地打私人電話或漫無邊際地遐想。這種想法和做法，其實無異於在浪費自己的生命和自毀前程。

而另一小部分人，他們秉持的工作態度是「為自己工作」，他們對於自己的工作結果和工作品質有更高的要求，願意付出更多的時間和精力。他們懂得用「老闆思維」去檢視自己的工作，主動站在一個更高的維度去思考、去行動。這些在多數人眼中的「傻子」，實則人生的境界獲得了極大的提升，而相應的

收穫也往往更多。

　　一般情況下，在一個公司中，老闆看的是全域性，算的是總帳，考慮問題往往更周全；而一般員工由於位置、身分的不同，往往被表面的現象迷惑，或被自己的職位限制，無法準確定位。這也就是我們常說的：思維高度決定格局高度。只有站得高了，才更有可能看到本質，目標才能更明確。而這也正是一個職場人從平凡走向非凡的核心思維，即「老闆思維」。

　　一個知名管理學院畢業的大學生，有幾家大公司都邀請他加入，他卻決定去一家規模較小的公司做總經理助理。對這樣的選擇，有些人表示不解：去大公司工作，起點不是更高嗎？為什麼捨大取小？

　　再說，助理的工作不就是收發檔案、做記錄，有什麼前途？

　　幾年過去了，這名大學生已從一個毛頭小夥成長為一家年盈利過千萬元的公司老闆。有一次，當別人稱讚他的能力非凡時，他謙虛地說：「其實，我剛參加工作時應徵的總經理助理職位使我受益匪淺。由於每天接觸公司各種檔案、資料，我了解了作為一個管理者的管理思路；正是記錄一場場會議過程，讓我清楚了企業是如何經營，老闆又是如何決策的。我做的雖然是小事，但是，如果從老闆的角度來看，它們卻是十分有價值的。」

　　需要注意的是，「老闆思維」並不是讓你不顧實際、一心只

第四章　職場生存的底層邏輯

想著當老闆,或是對公司的事務指手畫腳,橫加干涉,而是希望你可以像老闆一樣思考,從更高的角度分析問題。

職場中如何「利用」老闆思維做事呢?舉個例子:你的方案屢次被老闆駁回,你該如何去轉變呢?

如果站在老闆的角度,你就會知道:對老闆來說,管理不過就兩件事:一件是擴大業務範圍,增加業務收入;另一件就是降低成本,控制運作費用。因此,你給老闆的任何提案,都應該在這兩個方面下功夫:要麼是擴大收入,要麼是降低成本。這兩個主題,是你和老闆溝通的基礎,否則不論你浪費多少口舌,老闆也不會重視你的意見。

通常情況下,在一個公司裡,員工多是執行工作任務的人,而老闆往往是承擔責任的人。當你願意承擔責任,而不僅限於執行任務時,那你其實就擁有了「老闆思維」。職場中很多錯誤並非某一個人造成的,而如果你主動站出來,願意去處理問題,就是在給自己一個鍛鍊和證實能力的機會,也是「老闆思維」的一個體現。

總而言之,在工作中,我們要盡量向「老闆思維」靠攏,經常問一問自己:「假如我是老闆,我會怎麼想,怎麼做?」如果你能站在老闆的角度看問題和處理問題,那麼你的思維也就是「老闆思維」了。

和上司處理好關係的邏輯

如何與上司處理好關係，可以說是一個千古難題。常言道：「伴君如伴虎」，雖說職場並非朝堂，上司也不能決定你的生死，但是和上司處理好關係，博得上司的好感、賞識和幫助，對於職場人的未來至關重要。

其實對於如何跟上司相處，你一定已經了解過很多方法了，但為什麼還是處理不好呢？

這是因為你學到的，實際上只是他人在一些底層邏輯上拓展出來的方法。而方法的有效性，是因人、因時而異的。只有了解了處理上下級關係的底層邏輯，你才能更容易找到真正適合自己的方法。

著名人類學家阿蘭・費斯克（Alan Fiske）有一個廣義的人類社交關係理論。

他認為人類有四種基本的人際關係模式，分別是：公共分享、權威等級、平等匹配和市場估價。這四種人際關係模式都遵循著不同的底層邏輯，懂得它們的核心，而不是只用浮於表面上的方式處理所有的人際模式，你會少走很多人際彎路。這四種人際關係模式中的權威等級關係就是我們現在正在談論的和上司的關係。

這裡的權威等級關係是指有著垂直等級排列的人之間具有

第四章　職場生存的底層邏輯

的一種關係。在古代，它主要以君臣形式存在，而現代的表現形式則變成了職場的上下級關係。它本質上是一種尊重和責任的關係。因此，在經營這種關係時，要圍繞這兩點來進行。

某種程度上，權力的衍生品是威信。在其他關係類型中，威信可能是裝飾品，但是在權威等級關係中則是必需品。威信受到損害，便會使權力的行使效力受到損失，進而會影響上司今後決策、執行、監督等各個方面的決定權和影響力。《三國志》裡有這樣三個人物：

禰衡、孔融和楊修。這三人皆為當時才俊，名望超群，都曾受到曹操器重，但最後卻為何都落得慘死的下場呢？我們透過他們對待曹操的「態度」分析一下：禰衡目空一切，把誰都不放在眼裡；孔融自視望族，清高孤傲；楊修自作聰明，恃才傲物。這三個人對上司曹操輕視無禮，甚至嘲諷戲弄，最後落得被處死的下場，也是意料之中的事。

亞洲人向來看重「面子」。在亞洲社會，一定程度上，面子代表著體面、人格，甚至尊嚴。林語堂說過一句很有意思的話：「在亞洲，臉面比任何其他世俗的財產都寶貴。它比命運和恩惠還有力量，比憲法更受人尊敬。」我們甚至可以說，它是具有實際價值的「社交貨幣」。當我們站在這個認知高點上處理上下級關係時，就容易許多了。

不過在這個過程中，我們要注意避免走入無原則諂媚和無

腦服從的失誤中。實際上，如果你害怕表達出自己的不同觀點，恰恰說明你還是沒有真正學會與上司相處的底層邏輯。

國外一位著名財經作家由於工作非常忙，經常拖延回覆下屬發來的郵件。員工早上發的郵件，他可能下午才回覆，有時甚至不回覆。而得不到老闆的回覆，大家就不知該如何推進工作了，由此拖延了整個專案進度。大家都非常著急，可又都不敢跟老闆提意見。

有個叫崔璀的下屬，想出一個辦法，在發給老闆請示工作的郵件裡，換了一種說話方式，他會這樣寫：「老闆：現在有A、B兩個方案，我傾向於A方案。如果您有其他建議，記得今天晚上12：00前回覆哦。如果沒有建議，我們會於明天按照A方案推進專案。老闆辛苦了！」這個方法施行後，效果好了很多。

事實上，絕大多數有見識的上司，不會真正重視那種一味奉承、隨聲附和的人。你只需要考慮自己說出的話是否得體，是否掌握好了分寸，是否恰到好處就可以了。

管理自己，影響他人

在一個組織裡，有上司就會有下屬，一些人既是別人的上級，又是他人的下屬，由此形成管理的「金字塔結構」。在處理

第四章　職場生存的底層邏輯

好與上司關係的同時，還要處理好與下屬的關係。

由於管理者在組織中處於組織、指揮、協調和控制的地位。

因此，如果你問他們：「你們管理誰？」得到的回答百分之九十九會是：「我們管理下屬。」

管理是向下的，這是絕大多數人的共識。可實際上，這個所謂的「共識」卻是不正確的，至少不是完全正確的。

管理的底層邏輯，實際上是管理自己，影響他人。

管理是一件非常考驗智慧的事情。如果只是用權力代替權威來行使職責，那絕大多數人都可以勝任領導者職位。但遺憾的是，事實並不是這樣。心理學中有個專有名詞，叫「權力膨脹效應」。心理學家們透過一個實驗驗證了它的存在：22 名參加實驗的人都在一個公司工作，而且每個人都在公司擔任管理工作。讓這 22 名管理者監督旁邊房間裡 4 名工作人員的工作情況，但並不與這 4 名工作人員見面，只以書寫的方式進行溝通。當這些管理者被授予一定權力之後，便開始了管理工作，例如調整部下的薪資，更換或解僱部下，增大部下工作量等等，而部下只能按照「管理者」發出的「指令」執行。實際上，旁邊房間內根本沒有部下在工作。

這個實驗證明，人只要有了權力，就會充分使用，而使自己與被管理者之間的權力差距越來越大。

但事實上，管理工作是一個發揮自身威信而產生力量的工

作，而不是單純地依靠行政命令。真正在管理中發揮作用的是權威，而非權力。威信的效能要遠遠高於權力的效能。這兩者並不是一回事。

權力是既定的、外在的、帶有強制性的，而權威則是一個領導者的影響力，既包括權力性影響力，也包括非權力性影響力，更多的是來自下屬的一種自覺傾向，是由領導者在被領導者心目中形成的形象與地位決定的。管理者可以強制下屬承認權力，卻無法強制下屬承認權威。

首先，管理者，作為權力的行使人，要做的就是對權力進行制約。管理者的權力需要，可以用一個座標圖來表示：權力需要與管理績效的關係是一個倒「U」形的曲線。當權力需要過高或過低時，管理績效會很低；而當管理績效高時，權力需要處於中等程度。因此，管理者在管理活動過程中，既要保持一定的權力需要，又要避免其無限制地膨脹。

其次，管理者要善於授權、勇於授權，並在授權中將監督和指導結合起來，形成大權集中、小權分散的局面，這樣才能更有效地發揮權力的作用。現實生活中，許多管理者喜歡做「保母」型的管理，不願授權給部屬。他們不善於激勵下屬發揮積極性和創造性，只擅長攬權，越俎代庖，凡事別人休想插手，議事也只是走走過場，因而常引起部屬的不滿。

在影響他人的層面上，我們強調的是非權力性影響力。總

第四章　職場生存的底層邏輯

想利用自己的權勢影響和控制他人的思想與行為，把自己的觀點、意見強加於他人，並不擇手段地把他人的觀點壓下去，這是不能叫下屬信服的。這裡所說的管理者的影響力，主要來自管理者個人的自身因素，其中包括管理者的道德品質、文化知識、工作才能和交往藝術等。

非權力性影響力與員工團體接受影響的心理機制密不可分。由於管理者本身所處的地位，他的品德、行為、處理問題的方式以及言談舉止和喜怒哀樂等情緒，都容易被員工自覺或不自覺地接受、模仿。那麼，管理者就可以利用這一心理機制，來發揮自己在員工中的影響作用。

在管理活動中，管理者的一個恰當的暗示，可以有效溝通上下級之間的思想感情。比如，一個讚許的目光，會使員工樂於受命，勇氣倍增。管理者可以運用暗示的心理機制，把自己的意志和情緒，作為一種特殊資訊傳遞給員工，進而發揮自己的影響力。

在團體活動中，大體上都有一種強烈的從感情上要將自己認同於另一個體，尤其是認同於管理者人格特質的心理趨向。也正是這種心理趨向，加強了團體或組織的整體性。高度的認同，還會使個體與效仿對象休戚與共、榮辱相依。我們常說管理者要和下屬打成一片，就是指管理者要在感情上盡可能地接受員工，與員工有共同語言，與員工共情，取得員工的認同，進而形成合力。

唯有變化才是永恆不變的

職場歷來看重資歷。普遍的觀點是：經歷越豐富，經驗就越足，做起事來也就越得心應手。於是，有些老員工和管理者便認為自己的經驗最有說服力，但結果往往是掉入經驗的「陷阱」。這樣，本來有用的經驗法則就會成為決策的障礙。

其實，這個世界每時每刻都在變化，人、物、關係都是一個動態變數，如果誰期望能用不變應萬變，那他必將遭遇挫敗。

有時候，經驗或許是我們的寶貴財富，它會告訴你，解決問題的便捷之路；但同時經驗又是一個「陷阱」，它總能用一個小小的誘餌引你上當。如果你能主宰經驗，你便會得到智慧；如果你被經驗主宰，你便不免掉入陷阱！項羽的鉅鹿之戰，韓信的井陘之戰，都是置之死地而後生的成功例子。馬謖被諸葛亮派去鎮守軍事重地街亭，也想學他人置之死地，結果就真死了。可以說，成也兵書，敗也兵書，關鍵是要靈活變通。

所以說，對我們所擁有的能力、技術和資源，應該以更寬廣的視角看待，要努力跳出自己原有世界觀的局限與束縛，只有這樣才能在快速發展與改變中掌握先機。為此需要做到：

第一，要放棄以自我為中心。只有放棄以自我為中心，才可能避開經驗的偏差，作出正確決策。下面簡單的三個步驟可以幫助你不被經驗、習慣所制約：首先，成功時不要頭腦過

熱。當你在某些事上取得成功時,要想清楚,你的哪些行動對你的成功有所貢獻,哪些可能不是。評估要客觀真實。其次,當失敗時,要少找理由,多從自身找原因。如果在失敗中誇大厄運的重要性,就會降低對自己的要求,以及放棄在失敗中學習的機會。當你從令你不快的決策中獲得回饋時,你才算真正進步。最後,藉助於作重大決策時所記錄下來的期待事項,降低預料後事的偏差效應,然後將真實的結果與期待的結果相比較,考慮該從中學些什麼。

第二,要努力擺脫傳統思維,勇於創新。「構成我們學習最大障礙的是已知的東西不是未知的東西。」我們總是在某個範圍內按照已知的規律進行判斷和推理,結果自然很難有什麼突破。實際上,我們所習慣的思維方式就像一堵牆,堅持朝前走難免碰壁,但如果我們能轉個方向,試著向旁邊走幾步,說不定就能做出別人意想不到的事,進而找到一條通往成功的捷徑。

第三,勇於懷疑自己。現在社會上很多事情都被格式化、程序化了,於是造成一部分人思維模式定型,思考方式僵化,再加上「敝帚自珍」的心理,我們很容易停留在自己已有的成就上。只要富有懷疑精神,勇於重新考慮,勇於懷疑昨天的老一套,善於根據不斷變化的實際情況來改變自己的策略,一定能夠找到不止一條跳出困境的出路。

第四,對目標不斷檢查,對不當之處及時調整。初期,由

於存在大量風險及不確定因素,要對一個專案的目標、預算、激勵等作出非常正確的評估難度是極大的。當我們無法獲得準確全面的回饋時,往往會讓自己陷入經驗的失誤。因此,我們要在過程中不斷地對目標進行檢查,並及時就不當之處進行調整。它既是務實的,又是靈活的。

第五,持續更新自己的知識庫。生命如河流滾滾向前。每天不斷地自我改造與前進,才是生命力旺盛的泉源。知識也一樣,新的知識帶來新的認識,我們每個人,都必須始終擁有學習的熱情,在走出校門後繼續學習,保持終身學習的習慣,才可能在社會進步的同時,不至於被時代所拋棄。

實際上,之所以有的人能夠青出於藍而勝於藍,長江後浪推前浪,就是因為他們能跟上變化。在新的環境中,變化者自身會成為無可替代的個體。所以,身處競爭激烈的社會,老是想著以前怎麼樣是不明智的,要多看看現在,多問問自己:我變了沒有?

第四章　職場生存的底層邏輯

第五章
合作與溝通的底層邏輯

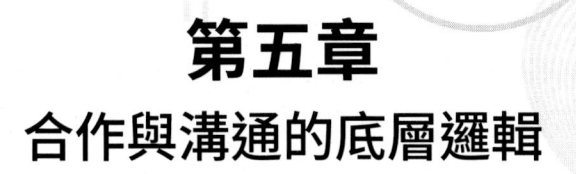

　　合作與溝通,靠的不只是各式各樣所謂的「話術」,而是「話術」背後,那些對人性的揭露和概括。深刻鑽研人性的需求,認真了解語言背後的底層邏輯,才是我們最應該去做的。

第五章　合作與溝通的底層邏輯

‖‖‖‖‖‖‖‖‖ 團隊的底層邏輯：雙贏＋分工＋合作 ‖‖‖‖‖‖‖‖‖

一個和尚挑水吃，兩個和尚抬水吃，三個和尚沒水吃的故事，想必大家都聽過吧：

從前有座山，山上有座廟，廟裡有個小和尚。白天小和尚挑水、念經、敲木魚，幫觀音菩薩案桌上的淨瓶添水；夜裡不讓老鼠偷東西。生活過得安穩自在。

沒多久，來了一個高個兒和尚。他一到廟裡，就把半缸水喝光了。小和尚叫他去挑水，高個兒和尚心想，一個人去挑水太吃虧了，便要小和尚和他一起去抬水。兩個人抬一桶水，而且水桶必須放在扁擔的中間，兩人才都覺得公平。這樣總算還有水喝。

後來，又來了一個胖和尚。他也想喝水，但缸裡沒水。小和尚和高個兒和尚叫胖和尚自己去挑水。胖和尚挑來一擔水，三個和尚搶著喝。此後，三個和尚誰也不去挑水，這樣三人就沒有水喝了。

他們各念各的經，各敲各的木魚，夜裡老鼠出來偷東西，誰也不管。有一次，老鼠打翻了燭臺，燃起了大火，三個和尚一起奮力把大火撲滅了，人也覺醒了。三個和尚從此齊心協力，兩個人抬水，一個人往缸裡倒水。後來，他們動動腦筋，安裝了滑輪提水機，這樣水就源源不斷地獲得供應了，再也不用為挑水發愁了。

從這個故事中，我們可以悟出很多道理，得到的最重要的結論就是團隊需要合作。

如今，團隊精神的重要性已無須贅述。我們缺乏的實際上是一種放之四海而皆準的方法論，可以應用於任何一個團隊中，並能獲得一個理想的結果。

答案必然從團隊建設的底層邏輯中來。遺憾的是，現實生活中，大多數人只是以模仿的形式，學習一個甚至十個團隊的管理模式、方法，卻沒有昇華到理論層面上來，實際上就是缺少對團隊建設底層邏輯的認知。

我們首先要明白什麼是團隊。團隊，基本的定義是一群有著共同目標的人，打個比方，一群人一起乘坐電梯，這種情況下他們不是團隊，但是如果電梯突然壞了，這些人被困電梯裡，要盡快逃離，這種情況下，這一群人由於有了共同目標就變成了團隊。

但僅僅有共同目標還不行，否則就會出現「三個和尚沒水吃」的情況。在很多公司和團隊中，成員們表面上有共同目標，但卻無法擰成一股繩，各懷心腹事，太多個人或小組的利益衝突，為團隊合作帶來了危機。這其實也就是我們要說的團隊建設的第一個要素：

雙贏，這是團隊存在的基礎。如果目標只是對某個人或某部分人有好處的話，這個團隊注定不會長久存在下去。

第五章　合作與溝通的底層邏輯

　　而要想達到雙贏的局面，就需要各成員充分發揮自己的優勢。

　　每個人都有自己的知識面，都有自己的智慧和經驗，只有清晰的角色定位與分工，才能使團隊邁向高效之路。這就是團隊建設的第二個要素：分工。在螞蟻龐大的家族中，有蟻后、雄蟻、工蟻和兵蟻四種不同類型。蟻后負責產卵繁衍後代，雄蟻主要職能就是和蟻后進行交配，工蟻負責建造蟻巢、尋找食物、餵養幼蟻等，而兵蟻則要肩負起保護整個螞蟻團體的重任。不同類型的螞蟻在團隊中充分發揮各自的優勢特長，才能讓整個團體長期生存下去。人類社會也一樣，對每個團隊成員而言，只有做到分工明確，才能使團隊取得成績，獲得發展。

　　但是，人與人的合作不是力氣的簡單相加。因為人的合作不是靜止的，它更像方向各異的能量，互相推動時自然事半功倍，而相互牴觸時則往往一事無成。這其實就是團隊建設的第三個要素：合作。我們要認識到：個人的力量是很有限的。在一個團隊裡，做好一項工作，從來不是哪一個人的責任，而是各成員間相互配合的結果。

　　正如一位老闆對他的員工們所說的那樣：「這個世界是瞎子背著跛子共同前進的時代！雙贏＋分工＋合作，才是一個團隊的生存之道。唯有大家同心協力發揮團隊的力量，才能讓團隊不斷向前，個人也才有發揮才能的空間，也才有機會實現自己的理想與抱負。」

合作的核心是價值交換

　　生活中有這樣一類人，他們平時看起來是很受歡迎的人，可是當他們需要幫助時，卻又常常陷入孤立無援的境地。

　　這是為什麼呢？

　　這個問題的本質就在於沒有了解這個社會人際關係的本質。人與人之間的合作，其底層邏輯是價值的交換。這種交換如同市場上的商品交換所遵循的原則一樣，就是各取所需，互利雙贏。

　　按照這個邏輯來看，在一個人沒有能力時，不會被他人真正所需要，平時的受歡迎，也只是在沒有利益衝突時的表面客氣。

　　一個剛剛畢業的大學生，經過重重考驗，終於入職了夢寐以求的公司。為了和周圍的人打好關係，她每天很早就來到公司，幫同事們擦乾淨桌子、倒好茶，把公用信箱裡的資料整理好，需要列印的影印出來。另外，她對來自同事的要求幾乎是有求必應，不管是修電腦還是影印資料，不管是取快遞還是扔垃圾，只要同事開口，只要她能搞定，她就會滿口答應，由此她有了很好的人氣。對此，她很有成就感，她覺得同事們越來越離不開她了。

　　可是後來發生的一件事卻讓她困惑了。有一天，她生病無法上班，便打電話給辦公室的同事，請對方幫忙把電腦裡的資

第五章　合作與溝通的底層邏輯

料發給主管,同事痛快地答應了。可是,第二天,她卻被主管斥責,說她沒有及時提交資料,拖延了專案進度。

直到她找到那個同事,那個同事才想起來,他忘記發給主管了。她有些生氣:我把你們的事看得比自己的事都重要,可是你們不把我的事放在心上。更讓她生氣的是,同事們不問她病情如何,卻責怪她一天沒來,害得他們的飯都是自己去買的。

生氣之餘,她也真有些糊塗了,都說「以真心換真心」,本應該對別人好,別人就會對自己好,現實怎麼不是這麼回事呀?

這就是職場「老好人」的悲哀,也是初入社交圈中的人很容易犯的一個錯誤,以為自己全心全意為對方付出,就會使關係更融洽、密切。殊不知,「真心換真心」並不是什麼時候都有效的,價值交換才是永恆的主題,如果你對別人而言沒有真正可用的價值,你再用心對別人也多半沒有意義。

其實,我們每個人在工作和生活中本身都是具有自己獨特優勢的,但你的價值沒有被別人看見,就好比美玉被埋在土裡,你才會始終是一個被邊緣化的人物。

尤其是在如今這個時代,一定程度上,能否爭奪到人們的注意力變得空前重要,也就是要懂得所謂的「注意力經濟」。不讓人知道的才幹和優點是沒有意義的。你的價值只能在社會上得到實現,只能在被人承認時得到體現,所以,學會推銷自己至關重要。

正所謂「酒香也怕巷子深」,只有把自己擁有的東西展現出來,讓別人看到,才有機會讓它的價值得到實現。就像大導演張藝謀說的,拍電影的和賣電影的就像種蘿蔔的和賣蘿蔔的,賣蘿蔔比種蘿蔔更重要,不會賣,蘿蔔就爛在地裡了,所有心血全白費了;會賣吧,蘿蔔種得不好也能賣出去。在亞洲,賣蘿蔔的能力、方法和觀念一直很弱。我們必須會製造熱門,提起觀眾興趣,刺激觀眾心理,才有機會獲得成功。

提升自我價值,讓自己成為有價值的人,同時學會推銷自己,讓別人知道自己的價值,才可能從別人身上獲得自己想要的價值,不管是物質上的,還是情感、認知、精神上的,這樣的人際關係才能有更多的互動並保持長久。

溝通的底層邏輯:同頻共振

不知道你有沒有想過這個問題:為什麼溝通困難多發生於男人和女人之間,父母與孩子之間,公司上下級之間呢?

找到了這個問題的答案,其實我們就找到了溝通的底層邏輯。

我們每個人在與人溝通的過程中,往往都會不由自主地陷入自己的思考模式中,男人有男人的思考模式、女人有女人的思考模式;大人會從自己的角度來思考,孩子也是從自己的角度

第五章　合作與溝通的底層邏輯

來思考；而下級和上級思考問題的範圍、角度、關注點等也不同。也就是說，大家不在一個頻道上溝通，這樣自然就會存在互相不理解的情況，無法獲得滿意的溝通效果。

當然，這世上沒有誰和誰做事一開始就是「同頻」的，每個生命體都有著屬於自己的頻率，但是在互相接觸的過程中，透過協調頻率，會逐漸達成一致，同頻的情況就會發生。

要想找到對方的頻率，實際上只需掌握一點──換位思考。

換位思考，是一種抽離出來觀察自己、完善自己的批判性思維方法。說白了，就是自己的思考裡是否有別人。但是，這並不是說，你站在對方的角度思考就是換位思考！你可以把你的身分從男人變成女人，從家長變成孩子，從老闆變成員工，但這只是掌握了換位思考的形式，沒有掌握其本質，這樣的換位思考不夠充分。除非，你能用別人的思維模式去思考，而不是換個位置用你自己的思維模式去理解對方。

舉個例子：美國有一個叫柯林頓的人，開了一個齒輪廠，生意一直很好，不過伴隨一次經濟危機的來襲，他的生意不可避免地一落千丈。柯林頓想請朋友、老客戶出點主意、幫幫忙，於是他寫了很多信。可是，等信寫好後他才發現，自己居然連買郵票的錢都拿不出。這件事提醒了柯林頓，他想：自己都沒錢買郵票了，別人的日子又能好到哪裡去呢？可能沒人捨得花錢買郵票回信給自己。可是，假如沒有回信，自己又怎麼能得

到對方的資訊呢?想到這裡,柯林頓有了主意,他變賣了家裡的一些東西,用一部分錢買來了郵票,貼在要寄出的信上,並且在每封信裡附上2美元,作為對方回信的郵資。

柯林頓的朋友和客戶在收到信後,十分吃驚,因為2美元能買到的東西比一張郵票多得多。大家都被感動了,他們記起了柯林頓平日的種種好處和善舉。很快,柯林頓就拿到了一些訂單,還有朋友來信說計劃投資他,一起做點兒什麼。不久後,柯林頓的生意就恢復了生機,柯林頓也成了在那次經濟蕭條中,少數幾個站住腳並且有所成就的企業家之一。

從對方的立場來看事情,去理解別人的想法、感受,以別人的心境來思考問題,這才是真正的換位思考。

很多時候,我們也試圖這樣去做,卻常常達不到想要的效果,原因就在於我們的換位思考缺少了「移情」這個重要因素。我們或是站在自己的位置上去「猜想」別人的想法及感受,或是站在「一般人」的立場上去想別人「應該」有什麼想法和感受,或是想當然地假設一種別人所謂的感受。這樣的換位思考,其實仍局限於自己設定的小圈圈之中,無法真正感悟他人切身的感受和思想。舉一個簡單的例子:丈夫突發心臟病去世了,妻子料理完喪事,疲倦且悲傷地回到家後,開始面對親友日復一日的關心詢問:「他是怎麼死的?」、「怎麼沒有及時呼救?」、「之前你們夫妻吵過架嗎?」「天哪,怎麼會發生這樣的事!」還有

第五章 合作與溝通的底層邏輯

「你要母兼父職,好好照顧小孩」等。

後來她看到「來人」就害怕起來,「我最需要的,是沉默的體諒,但卻沒有人給我。」她說。不可否認,這些人的出發點是關心,但對處於情緒谷底的女人,卻造成了一種傷害。要從內心深處換位到他人的立場上去,要像感受自己一樣去感受他人,才是真正的換位思考。

對此,有智者給我們四句建議:

第一句話,把自己當成別人。在你感到痛苦憂傷的時候,把自己當成別人,這樣痛苦自然就減輕了;當你欣喜若狂之時,把自己當成別人,那些狂喜也會變得平和一些。

第二句話,把別人當成自己。真正同情別人的不幸,理解別人的需要,而且在別人需要幫助的時候給予恰當的幫助。

第三句話,把別人當成別人。充分尊重每個人的獨立性,在任何情形下都不能侵犯他人的「核心領地」。

第四句話,把自己當成自己。你要愛別人,但首先要愛自己。

真正按照這四句話去做,去體會別人的感受,明白別人的需要,並恰當地給予,讓他感受到你的關心、你的真誠、你的心意,雙方才能建立起真正的溝通。

溝通的基礎是信任

　　溝通的基礎是信任。只有信任一個人，我們才會對其敞開心扉。試想，如果你要追求一個剛認識不久的女孩，告訴她跟你交往有多棒，她要是真的會當下答應你，那你反而應該懷疑她是否另有所圖了。

　　一個人對他人的信任感，首先來源於對方的「自我暴露」。也就是說，一個人如果想要和別人建立比較密切的關係，一定程度的自我暴露是不可缺少的。這其實不難理解。例如，一個人的戀愛經歷屬於個人隱私，一般人只會對特別親密的朋友說。如果你主動透露自己的隱私——「我從上學的時候就沒有女人緣」、「真是不好意思，我曾經被甩過 3 次」，這就等於向對方暗示：你很信任他。這樣，對方也可能會敞開胸懷談論自己的事——「我也是這樣啊……」這會使你們的關係更近一層。

　　事實上，想想在日常生活中，最知心的朋友不也是知道我們祕密最多的朋友嗎？畢竟人都不傻，都能直接地感覺到對方是出於需要，還是出於情感而和你來往。情感紐帶下結成的關係，往往要比暫時的利益關係更加牢固。

　　當然，「自我暴露」也並不是越多越好。總是向別人喋喋不休地談論自己，會被對方看作自我中心主義者。心理學家認為，理想的自我暴露是對少數親密朋友做較多的暴露，而對一般朋

第五章　合作與溝通的底層邏輯

友和其他人做中等程度的暴露。

信任感的另一個來源是守信。曾經有人在企業經理人員中做過一個問卷調查，題目有兩個：第一個是「你最願意結交什麼樣的人」；第二個是「你最不願意結交什麼樣的人」。調查結果顯示：在「最願意結交」的人中，「正直誠信的人」排在了第一位；在「最不願結交」的人中，「不正直不守信的人」排在了第一位。這充分說明了誠信在溝通中的重要性。

而要想給別人留下誠信的印象，首先是不要隨便承諾。如果已經確定對方的某些需求自己無法給予滿足，就不要隨便承諾。

現實生活中，許多人往往出於愛面子和怕得罪人的心理，在別人提出一些要求或者請求的時候，即使自己很忙，或者力有不逮，也往往要勉為其難，那個「不」字就是說不出口。結果，讓自己陷入窘境當中，更重要的是，當你不管如何努力也達不到對方要求時，你也就失去了最基本的信譽，以後可能再也沒有挽回他人信任的機會了。

對自己可以做到的事情，承諾時也要留有餘地。比如，你是一名銷售人員，如果你的企業能在接到通知之後 18 小時內提供售後維修服務，你可以對客戶承諾 24 小時之內；如果維修人員接到電話後能在 2 小時內趕到，則可以承諾 3 小時之內趕到。這樣做還有一個好處，就是會使客戶的期望稍低於企業服務水準，而當你所提供的水準超越了他們的期望後，他們則會獲得

一種滿足感。

最後，對自己承諾的事一定要努力兌現，這是成為一個誠信者的基本要求。在影視和文學作品中，我們經常會見到裡面的人物發誓：「我如果……就不得好死」；在現實生活中的一些重大場合，主辦者或組織者也要求參與者鄭重承諾：「我宣誓，我志願加入……」、「作為一名……我要……」、「我願意……」等。這說明，承諾是一件非常嚴肅的事情，它不應是空頭支票，不能只停留在口頭上，而要落實到行動中。

對那些作出承諾卻無法兌現的事情，一些人想當然地以為「只要對方不加以追究的話，就可以矇混過關了」，這是一種僥倖心理。

因為即使他人不加追究，可是對你的不滿也已經形成了。這時，你除了及時道歉，並想辦法加以補救外，別無他法。否則，對方的不滿就會越積越深，最終達到難以調和的地步。

高效溝通離不開「編碼」和「解碼」

溝通，是人類行為的基礎，很多人每一天都要與人頻繁溝通，但溝通卻並不是一件容易的事：

有時你覺得自己已經說得很清楚了，可對方的理解卻南轅

第五章 合作與溝通的底層邏輯

北轍；有時你覺得自己明明是好心，結果卻讓彼此都受傷；有時你覺得明明是一件小事，卻為此付出了巨大的代價；⋯⋯⋯⋯

為什麼會出現這樣的情況呢？

這其實是一種常見的心理效應──「傳播扭曲效應」，即一個人接收一則訊息以後，往往不可能像發出者那樣對訊息有深刻的理解，多半加進了自己的思想。如果接收者與訊息發出者存在利益上的對立，接收者就會在允許和可能的條件下，按照自己的利益取向，「修改」或針對性選擇訊息，特別是當接收的訊息是對方用自己不熟悉的方式傳達時，誤解和錯漏的可能性就會更大。這樣，當一個看似完整的訊息發出以後，訊息失真的程度就不是發出者所能控制的，甚至到了接收者那邊，可能就「面目全非」了。

也就是說，溝通並非等同於訊息的傳遞，還需要看傳遞的效果。

只有當訊息的發出者和接收者對所傳遞的訊息的理解是一致、準確、無誤的時候，才能稱作一次成功的溝通。

生活中，出現訊息失真的情況，往往不是單方面的原因。人類語言的溝通過程，其實和電腦語言的「溝通」相似，也可以拆解為編碼和解碼兩個過程。一個單向溝通模組裡，訊息發出者的表達對應的是編碼過程，當這個訊息傳達給接收者，接收者的理解就是解碼過程。任何一個環節出現問題，都會影響溝通效果。

高效溝通離不開「編碼」和「解碼」

當我們作為訊息傳遞方時，在「編碼」過程中，要盡量確保對方理解你要表達的意思。

有一個秀才去買柴，對賣柴的人說：「荷薪者過來！」賣柴的人聽不懂「荷薪者」（擔柴的人）三個字，但是聽得懂「過來」兩個字，於是把柴擔到秀才前面。秀才問他：「其價如何？」賣柴的人聽不太懂這句話，但是明白「價」的意思，於是就把價錢告訴秀才。秀才接著說：「外實而內虛，煙多而焰少，請損之。（你的木材外表是乾的，裡頭卻是溼的，燃燒起來，會濃煙多而火焰小，請減些價錢吧。）」賣柴的人聽不懂秀才的話，於是擔起柴轉身離開了。

秀才沒能買到柴，錯就錯在沒有看清交流的對象，導致無法準確傳達自己的意思。作為編碼者，必須記住：你有責任以最有效的方式跟對方溝通，而不能企盼他們作出調整。

當我們作為訊息接收方時，在「解碼」的過程中，要想避免誤解，最好的方式是提問＋傾聽。多提問題，從對方的回答中找到你需要的答案；認真傾聽，確保聽清對方傳達的資訊，然後作出回應。比如，你可以用一兩句話來「綜述」對方傳達的資訊，如「你是說……」、「你的意見是……」、「你想說的是……」等。這樣的綜述既能及時驗證你對對方傳遞資訊的理解程度，加深對其的印象，又能讓對方感到你的誠意，並能幫助你隨時糾正理解中的偏差。

第五章 合作與溝通的底層邏輯

更重要的是，從心理學角度而言，對方說話的過程中，你不時地點點頭，偶爾提問，表示你重視談話者的講話內容，會使說話者受到鼓舞，從而更充分、完整地表達，而這不正是溝通所需要的嗎？

分歧性溝通：避免陷入爭執

真正具有挑戰性的溝通是包含分歧的溝通。對分歧性溝通，如何處理才能取得好的效果呢？

在回答這個問題之前，需要先了解一下溝通的目的。所有的溝通其實都是有目的的，哪怕是閒聊吹牛式的溝通。溝通的目的不外乎解決問題、達成共識與促進關係三種。如果每一次溝通都緊緊圍繞著這三大目的來展開的話，那麼不管雙方的分歧有多大，都可以實現有效溝通，取得一定成果，哪怕只實現其中一個目的，也是不錯的。

而要達成這三大目的，有一個底層的指導思想就是：「避免陷入爭執。」因為執拗的爭論，實在是一場誰都不是贏家的賭局：贏也是敗，輸也是敗。如果在爭論中失敗了，那就是失敗了，如果在爭論中獲勝，那也還是失敗。因為爭辯的雙方都以對方為「敵」，因此留給對方的印象往往都是不愉悅的。引用富

分歧性溝通：避免陷入爭執

蘭克林（Benjamin Franklin）的一句名言：

「如果你辯論、爭搶、反駁，你或許會獲得勝利。不過，這種勝利是十分空洞的，因為你永遠得不到對方的好感。」

而避免引起爭執的最好方法就是：不要正面反對別人的意見。

每個人都應該懂得求同存異的道理，具體來說，有人給我們提出意見，如果不是惡意的，即便不贊同，但也不宜馬上反駁，可以表示會認真考慮。

銷售人員總會遇到挑剔的顧客，橫挑鼻子豎挑眼，將你的商品貶得一文不值。他們常常會告訴你哪種鞋款式才是好的，價格「美麗」，做工精緻，說得頭頭是道，似乎他們是這方面的行家。在這個時候，你如果和他們爭辯是沒有絲毫用處的，他們這樣說多半是為了用相對較低的價錢買你的鞋。而你也不是為了幫你銷售的鞋正名，而是解決問題，是成交。在明確的目的下，你不但不應該與他們爭辯，反而還應該讓他們占據上風。你可以恭維對方眼光很獨到，會挑選東西，自己銷售的鞋確有不足的地方，比如樣式不新穎了，光澤度稍差了等等，然後不要忘了說「不過」，如，不過鞋跟很牢固，鞋面很柔軟，走路的時候不會發出響聲了……就是你在承認販賣的鞋有不足的同時，從另外的角度把它的優點誇讚一番，這樣就可以令對方心動，或者說給對方一個臺階下。從對方的角度看，她費了這麼多的心思挑毛病恰恰表明她有購買的意願。

第五章　合作與溝通的底層邏輯

　　其實，即使是面對明顯可以分清對錯的事實問題，也沒必要急著反駁。儘管古人流傳下來許多警語——「良藥苦口利於病，忠言逆耳利於行」、「口蜜腹劍非君子，防他背後暗傷人」——都是要人保持理性的清醒，盡量多聽取一些逆耳忠言，但是，即使如此，人們還是願意聽到別人對自己正面的評價，人性的本質就是不願意接受別人否定自己，即使是出自善意的指責和批評，往往也只會引起反感和牴觸，所以「沒理也要辯三分」，稍有不慎，就陷入爭執，彼此間的不滿情緒就會滋生蔓延。更何況，證明別人錯誤的同時也並不能證明你就是正確的，對方的失敗不代表你的成功。

　　我們完全可以透過使用適當的字詞，影響或左右別人的情感和思想，既達到溝通的目的，又不招人討厭，比如將「你應該」換成「我們能一起做」，「我不能」換成「我能做」，「當初如果」換成「未來我們要」等等。總之，使用開放而非封閉的句式，將自己融入對方所處的情境。如果發現對方理解出現偏差，要用上述中性詞句糾正。如此，對方接收到的資訊，所承受的刺激就會相應減弱，被拒絕所帶來的衝擊，也就不會那麼強烈。

批評：寬容比懲戒更有效

不管是學習、工作還是生活，都難免出現錯誤和疏漏，雙方由此會進入一種難度比較大的溝通層面——批評。

之所以說批評是溝通難度比較大的層面，是因為一直以來，批評都被認定為是指責，它給人的印象總是粗暴的訓斥和嚴肅的面孔。

事實上，批評的本質不是把對方壓垮，更不是整人，而是幫助對方成長；不是去傷害對方的感情，而是幫助他人把事情做得更好。

而如果要達到這樣的效果，寬容比懲戒更有效。

法國作家拉・封丹（Jean de La Fontaine）寫過這樣一則寓言：在風的家族中，北風和南風一直較勁，他們都覺得自己比對方厲害得多。有一天，北風和南風打賭，看誰能把行人身上的大衣「脫掉」。北風先施威，一股凜冽的寒風颳起。他是想透過更大的風把人的衣服吹掉，沒想到行人為了抵禦寒風侵襲，把身上的衣服裹得緊緊的。稍後，南風開始行動了，他徐徐吹動，行人很快覺得暖意融融，於是解開了鈕扣，繼而脫掉大衣。南風獲得了勝利。南風之所以能達到目的，就是因為他順應了人的內在需要，使人的行為變得自願、主動。

同樣的道理，我們在親人、朋友或同事之間開展批評，也

不應該採取我說你聽，我壓你服的「北風」方式，而應多採用「南風」方式，多疏導，做到曉之以理、動之以情，才能讓事情取得良好的結果，所訂立的目標才能不偏離方向。

所以，可以寓批評於褒揚之中，這就好比在苦口的「良藥」之外包上一層「糖衣」，使聽者順利接受。身為領導者，在工作中，如發現同事、下屬的想法和做法出現偏差，可以這麼說：「你的這些想法很不錯，在條件具備的時候，一定能產生很好的作用。不過，現在我們的條件不具備，你的想法可能無法實現，你是不是再斟酌斟酌，再策劃一個更適合我們實際情況的方案？」這樣既拉近了與對方的距離，也顧全了對方的自尊，會形成較好的溝通氣氛，批評也就更容易被對方接受。

也可以用開玩笑的語氣提出批評。比如，一個班上有不少男生最近開始迷上了抽菸。深諳教育心理的班導知道，這是許多男生在發育期間追求「成人化」的表現，如果對其橫加指責，只會造成師生對立。因此，在一次班會上，班導沒有點吸菸學生的名，只是說了這樣一席話：「今天我來講講吸菸的好處。第一大好處是吸菸引起咳嗽，晚上咳嗽更劇烈，可以嚇退小偷；第二大好處是咳嗽導致駝背，可以節省布料……」以開玩笑的口吻進行批評，由於比較委婉，不會傷及面子，批評的話也就容易聽進去。

還可以用寬容代替指責。因為當人們知道自己做錯了事或

闖了禍，通常會產生一種內疚感或恐慌感。這兩種心態糾結在一起，會形成做錯事後強大的心理壓力，促使犯錯者反省。不過這時，如果有人對其斥責或懲罰，反而會使犯錯者找盡藉口為自己辯護，而不是認錯和反思。這時，用寬容代替指責，能促進犯錯者自省，認識到自己的錯誤，從而達到教育的目的。

不過，寬容並不是放任自流，而是等犯錯者受到「心理制裁」後，再順勢加以旁敲側擊的暗示、引導，使對方的心理由焦慮發展為對自己的動機、態度和行為的反省，進而醒悟自己的過錯。

要注意的是，寬容是有限度的，也是分對象的，要清楚所要寬容的對象值不值得寬容，如果是那種對自己犯的錯誤認識不清的人，那就不適合一味寬容，可以寬容一次，但是要進行善意規勸，如果對方依舊我行我素，就不能再給予寬容，而應採取其他合適措施。

說服的本質是自我說服

很多人認為，說服就是用我的邏輯打敗你的邏輯。但為什麼即使你以事實為根據，依然無法保證百分之百說服對方？

這是因為，沒有人喜歡被強迫，每個人都喜歡按照自己的意願去做事，即便不一定是正確的。如果有人試圖改變「我」

第五章　合作與溝通的底層邏輯

的觀念、看法或立場,「我」就視為受到了挑戰。因此事情往往是,說服的理由越充分,對方就越覺得不開心,即便心裡十分清楚是非,也會反駁到底。

因此,從這個角度看,說服的本質,其實是自我說服。我們觀看一場演講,覺得演講者說的話很有道理,其實,不是他說服了你,只是他說出了你的心裡話而已。

因此,當我們想讓別人做某事時,比起將自己的意見強加於人,遠不如把你的意見變成對方的意見或建議,這樣你要對方做的事就變成了他自願要做的事,這樣做對事情的達成無疑是十分有利的。

威爾遜總統(Thomas Wilson)執政白宮期間,有一天,內閣成員赫斯去拜訪他並試圖說服他採取一項政策。但威爾遜總統只是大概聽了聽赫斯的理由和構想,就匆匆結束了會談。而就在赫斯以為總統先生不會太贊同這項政策時,威爾遜總統竟然在一次內閣會議中提及這項政策,並說那是他自己的意思。赫斯自然沒有「揭穿」此事,反而當眾大讚總統的睿智。因為赫斯在乎的是建議能否通過,而不在乎建議出自哪裡。

這件事給了赫斯很大的啟發,他說:「我……發覺改變他(總統)觀點的最好方法,不是一次次的內閣會議,而是透過不經意的談話將觀念移植入他的心裡,讓他感興趣,進而引發他自己去思考。」

說服的本質是自我說服

從那以後，赫斯每次有了新的政治構想，總是在與總統談話間不經意地說出來，引導總統思索，得出他想要的結論。

潛移默化地把自己的意見「輸送」給其他人，不僅可以有效地改變別人的看法，更重要的是，在改變別人看法的過程中，還讓對方感受到了自己得出結論的快樂與滿足，這樣既達到了自己的目的，又促進了和對方的關係。這種做法的實際意義，從赫斯受到總統的重視程度上得到了體現。威爾遜總統很看重赫斯，經常將一些重大的事情交給赫斯負責。

那麼，如何才能在溝通中實現從「你應該」到「我願意」的轉化呢？

第一步：找出動機。每一個人都為滿足自己內心的一些需要而做事。如果你希望別人自願做某事，那麼，首先就應該了解別人內心的想法和願望，甚至幫對方找出做某事的動機。

第二步：激發渴望。找到了可以讓對方做事的動機，還必須激發出他做事的渴望。而要想激發出別人心甘情願做事的強烈渴望，有效的方法之一，就是激發他獲得某種利益或避開某種危害的渴望。

第三步：使他相信。有信任才有行動。被說服者是否接受意見，往往和他心目中對說服者是否信賴有關。說服者如果威望高，一貫言行可靠，或者平時兩人關係好，可以信賴，那麼接受對方意見的機率就高；反之，就有一種排斥心理。所以，

第五章 合作與溝通的底層邏輯

作為說服者,平時要注重和對方良好關係的建立,要提升自己在對方心目中的地位。

一位父親有一個愛吃甜食卻不愛刷牙的孩子。父親希望孩子每天自願而不是在督促下刷牙,他是怎麼做的呢?他為了使孩子相信刷牙的好處和不刷牙的危害,就帶孩子到了牙齒防治所,看了一檔關於殘留在口腔中的食物變成細菌,而後腐蝕牙齒使人無法再繼續享受美食的教育節目。看過後,孩子每天不再用督促而是自覺地刷牙了。

總之,想要讓對方做的事變成他自願要做的事,就不要談你所需要的,而是談他所需要的,教他怎麼去得到。要努力探察別人的觀點並且在他心裡引起對某項事物迫切需要的願望,在促使他行動的時候,最好也要讓他覺得不是你的需要而是他自己的需要,這樣他會有成就感,行動起來會更加積極、主動。

第六章
自我成長的底層邏輯

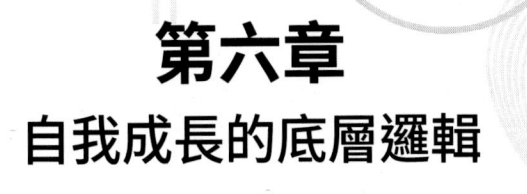

　　不同的思維方式,會讓兩個起點相同的人,踏上完全不一樣的人生之路。所以,有時不是你的努力沒有回報,而是指導你成長的思維方式正在等待更新。

第六章　自我成長的底層邏輯

個人成長需要一套可靠的邏輯

　　從出生到成人，是自然規律的體現。但是真正的成長，不僅是年齡的增長，還是內在的成長，由內而外地更新。從某種意義上來說，人去發現和發展自己內在的這個世界，才是人生真正的成長。

　　對外部世界的探索和發現，也不過是用來建構和豐富自己的內在世界。所以，很多時候，真的不是你的努力沒有回報，而是你的內在世界的更新處於停止狀態。

　　兩個來自鄉下的人外出工作，一個打算去 A 地，一個準備去 B 地。可是就在候車站等車的時候，他們各自又都改變了主意，因為他們聽到鄰座的人議論：A 地人精明，外地人問路都收費；B 地人質樸，見了吃不上飯的人，不僅給饅頭，還送衣服。那個想去 A 地工作的人想：還是 B 地好啊，賺不到錢也餓不死。而那個打算去 B 地打工的人想：還是 A 地好，幫人帶路都能賺到錢，還有什麼不能賺錢的？

　　兩個人交換了車票，準備去 A 地的人去了 B 地，準備去 B 地的人去了 A 地。去了 B 地的那個人，發現 B 地果然好，因為他初到 B 地的第一個月，什麼都沒幹，竟然沒有餓著。不僅銀行大廳裡的水可以免費喝，而且大商場裡歡迎品嘗的點心也可以免費吃。而去 A 地的那個人，發現 A 地果然是一個可以讓人

個人成長需要一套可靠的邏輯

發財的城市。他只要想點辦法，再花點力氣，做什麼都可以賺錢——帶路可以賺錢，看廁所可以賺錢，甚至弄盆冷水給人洗臉都可以賺錢！走在大街小巷中，他發現了新的商機，於是他開起一個小型的清洗公司，專門擦洗商店樓面的招牌。經過幾年的打拚，他的公司規模不斷擴大，他準備將業務拓展到 B 地。

在 B 地車站，一個撿破爛的人向他要一個空啤酒瓶。遞瓶時，兩個都愣住了，因為他們同時發現：幾年前，兩人曾交換過車票，而對方就是和自己換車票的人！

這兩個人，一人積極上進，勇於面對挑戰，最終發家致富，改變了命運。另一人不敢面對挑戰，消極認命，最終淪為乞丐，對比起來，兩人的差別實在是太大了。

讓他們做出不同選擇的是他們的思維。我們每個人的行為都是自己思維的產物，你生活的方式、工作的選擇，以及處理問題的方法，都是由你的思維決定的。

雖然人的成長涵蓋了各方面，每個人的性情也千差萬別，生活的際遇與環境也截然不同，但絕大多數人的成長路徑卻是相似的。

而又是什麼決定我們的成長路徑呢？是我們做事的底層邏輯，是我們對事物的認知，決定了我們的選擇，決定了我們的行為。它就像一支看不見的指揮棒，指揮和操控著我們的一切。我們的物質財富、精神財富、健康財富與我們的高矮胖

第六章 自我成長的底層邏輯

瘦、出身貧富、學歷高低，實際上都沒有絕對的關係，卻與我們的底層邏輯息息相關。

因此，要想成長為一個優秀的人，謀得人生圓滿，就要找到一套可靠的、符合自己實際情況的邏輯，並以此來指導自己的工作和生活。

看懂人生成長曲線圖

我們先來看看一個人的人生成長軌跡：

西元 1816 年（7 歲），全家被趕出居住地。

西元 1818 年（9 歲），年僅 34 歲的母親不幸去世。

西元 1831 年（22 歲），經商失敗。

西元 1832 年（23 歲），競選州議員落選。想進法學院學法律，未獲入學資格。

西元 1833 年（24 歲），向朋友借錢經商，當年年底破產。

西元 1834 年（25 歲），再次競選州議員，成功入選。

西元 1835 年（26 歲），訂婚後即將結婚時，未婚妻離世。

西元 1836 年（27 歲），臥病在床 6 個月。

西元 1838 年（29 歲），爭取成為州議員發言人，沒有成功。

西元 1840 年（31 歲），爭取成為被選舉人，落選。

西元 1843 年（34 歲），參加國會大選，落選。

西元 1846 年（37 歲），再次參加國會大選，當選。

西元 1848 年（39 歲），尋求國會議員連任，失敗。

西元 1849 年（40 歲），想在自己的州內擔任土地局長，被拒絕。

西元 1854 年（45 歲），競選州參議員，落選。

西元 1856 年（47 歲），在共和黨的全國代表大會上爭取副總統提名，得票不到 100 張。

西元 1858 年（49 歲），再度參選州參議員，再度落選。

西元 1860 年（51 歲），當選美國第 16 屆總統，並成為歷史上最偉大的總統之一。

你肯定猜到了，沒錯，這張人生軌跡圖的擁有者就是林肯。兩次經商兩次失敗，十一次競選八次失敗。不斷跌倒，又不斷爬起。

幾乎每一個人都希望自己的人生一帆風順，但事實上，這是不可能的。縱觀人類社會的發展過程，會發現這是一條波折向前的曲線，經歷了一次又一次的打擊、挫折，卻又始終保持向前。

如何看待失敗，如何攻克失敗這道難關，是衡量一個人最

第六章 自我成長的底層邏輯

終是否能從渺小走向偉大、從失意走向成功的重要象徵。正如作家克里斯多夫摩雷所說的:「大人物只是屢敗屢戰的小人物而已。」

嚴格來說,世界上根本沒有什麼所謂的失敗,除非你自己如此認定。那種經常被視為失敗的事,實際上也只不過是暫時性的挫折而已。許多人往往不能正確看待表面上的失敗。在他們看來,要麼失敗,要麼成功;既然失敗了,那就不會成功。而事實上,對事情並不能作「要麼成功,要麼失敗」的簡單劃分,介於「失敗」和「成功」之間的情況是無窮無盡的,「我失敗了三次」和「我是個失敗者」有著天壤之別。現實生活中,我們會發現,許多成就卓著的人很少使用「失敗」二字,他們更喜歡使用「過失」、「錯誤」或「不良結果」等詞彙來表述暫時的受挫。

所以,當你身處人生谷底時,不要本能地為自己貼上「失敗者」的標籤。你怎樣描述自己,你很可能就會變成那個樣子。反覆多次地自稱失敗者,不但讓成功越來越遠,還會讓自己的心靈受到極大的損傷。

與之相對的,是那些能夠在低處經營好自己的人,他們往往能到達人生的高處。

需要注意的是,當我們處於人生高峰時,需要保持清醒。因為登頂之後就要走下坡路了。人不能永遠停在高峰。

很多時候,我們很難在敬仰夾雜羨慕的目光中保持冷靜,

但卻不得不這樣做。因為在我們的頭頂上，除了聚光燈外，還懸著一把「達摩克利斯之劍」。相傳迪奧尼修斯國王（Dionysius II of Syracuse）邀請他貪婪的大臣達摩克利斯（Damocles）坐在自己的寶座之上掌管王權，達摩克利斯卻發現寶座上方有把用一根馬鬃懸繫的寒光閃閃的利劍，他嚇得倉皇而逃。迪奧尼修斯國王是在用這把劍告訴他：國王的幸福和安樂都是假象，巨大的財富和權力背後有著巨大的責任和危險。

身處谷底不頹廢，一帆風順不得意，這個很樸素的道理，恰恰是人生之路的基石，我們要始終用這條邏輯指導自己的人生之路，才不會迷失。

生命的密碼：與熵增對抗

熵增，是一個物理學名詞。在物理學上，一個孤立的系統的熵值是持續增加的。這個基本的定律被稱為「熵增定律」。事實上，一切生命都會受到「熵增」的影響。一位大學教授曾說：如果物理學只能留一條定律，那我會選擇熵增定律。

如果我們任由「熵增定律」在我們的生命中發展下去，會得到以下結果：人越活越複雜而越複雜就越難作出正確抉擇。如果任由這種趨勢發展，我們會被越來越多的資訊所淹沒，最終

第六章　自我成長的底層邏輯

無法行動。

因為熵增的本質就是所有事物都在向著無序發展。比如屋子不收拾會變亂，手機不清理會越來越卡，線團會越纏越亂，熱水會慢慢變涼⋯⋯如果我們不能作出有效處理，那麼混亂自然也遲早會出現在我們身上，這是必然的結果。

那麼，如何才能與這個「令人絕望的定律」對抗呢？

如果在萬事萬物中找尋它的底層邏輯，我們會發現，一切符合熵增的事物或環境，都容易讓人「上癮」和感覺舒適。比如：上班中，你感覺有些無聊，想「摸魚」的想法瞬間占據了你的大腦；你不想運動了，馬上感覺身體很沉重⋯⋯這些都是「熵增定律」的具體體現。

能與熵增抗衡的，是我們的自律！或者叫自我約束力。就是在該做某事的時候，不管喜歡不喜歡，願意不願意，都要行動起來。

與其說這是一種能力，還不如說是一種意識、一種態度、一種意志。

它要求你在被迫行動前，有勇氣面對你不願做的事或問題。

當然，這個過程是非常痛苦的，它需要你：

克服自己的怠惰。打個比方，刷牙洗臉是每天必須做的事情，有一天你回家感覺很累，不願洗臉刷牙，想馬上上床睡覺，這是在順應熵增的要求；而如果你努力克服身體上的疲憊，

堅持盥洗後休息，這是你自律的表現。

「走出」舒適區。人一定程度上都是好逸惡勞的，但安逸和危機是相伴相隨的，安逸令人舒適，卻是有危險的。如果貪圖安逸，那危機可能就會來臨。如果你要擺脫危機，那就需要你挑戰安逸，從安逸的環境中「走」出來。

與自己的欲望作鬥爭。滿足欲望是人性的需求，但縱容自己的欲望絕不是件好事，它會使你失去理智，模糊你追求的目標。如貪玩、好賭等這些致命性弱點，你如做不到坦誠面對，盡力節制，而縱容自己在裡面尋求滿足，那麼必將給自己帶來麻煩，甚至災難。應對的方法之一，是在想放縱自己的時候，多堅持工作五分鐘。如果這次能做到，那下次就努力堅持六分鐘。每次要分心的時候就這樣做。

這樣一來，自律意識就會不斷得到增強。

控制自己的情緒。放縱喜怒哀樂的情緒，除了會影響別人的情緒之外，也會改變別人對你的態度。而自律的人，即使在情緒非常激動時也可以按理智判斷行事。俄國著名作家屠格涅夫（Ivan Turgenev）勸人在吵架將要發生時，把舌頭在嘴裡轉上10圈，以此提醒自己慎重行事。

不管採取哪種方式，只要能做到保持情緒穩定，避免衝動，就戰勝了自己。

這個世界上，沒有什麼東西能夠真正改變你（熵增定律也不

第六章　自我成長的底層邏輯

行），只有你自己能改變自己，你想把自己變成什麼樣，你就能把自己變成什麼樣。

站在現在，安排未來

　　站在現在，安排未來，其實就是規劃。大到國家，小到單位（年度規劃、月度計畫以及週計畫等），做規劃都是一件很重要的事情，但是到了個人身上，我們往往就不那麼重視它了。

　　可是，你不重視它，它就會用事實證明你錯了。

　　哈佛大學曾就此做過一項調查：一群即將從哈佛大學畢業的、意氣風發的天之驕子，在智力、學歷、環境條件上都相差無幾。臨出校門前，調查組的工作人員對他們進行了一次關於人生目標的調查，結果是這樣的：27% 的人沒有目標；60% 的人目標模糊；10% 的人有清晰的短期目標；3% 的人有清晰而長遠的目標。

　　25 年後，工作人員對這群學生進行了跟蹤調查，結果發現：3% 有清晰而長遠目標的人，25 年間他們朝著一個方向不懈努力，現如今幾乎都成為社會各界的成功人士，其中不乏產業領袖、社會菁英；10% 有短期清晰目標的人，他們的短期目標多半得到實現，成為各個領域中的專業人士，且大都生活在社會

的中上層；60% 目標模糊的人，工作與生活還算安穩，但沒有什麼特別成績，多生活在社會中下層；27% 沒有目標的人，生活很不如意，多處於貧困邊緣，喜歡抱怨他人、抱怨社會、抱怨這個「不肯給他們機會」的世界。

何以出現如此大的差別？實際上，他們之間的差別僅僅在於：

25 年前，他們中的一些人知道自己想做什麼，該做什麼，而另一些人則不清楚或不是很清楚，自己將來要做什麼、能做什麼。從中，我們看到了規劃的重要性──沒有規劃的人往往被生活「規劃」掉，而用心規劃人生的人更容易被生活所接納。

現在許多年輕人，話一出口總是：「我很迷茫……」、「我後悔了……」、「如果時間重來，我一定會……」，還有一些年輕人，則是在身邊「過來人」的規劃下一路走來的，從求學到工作，再到如今的戀愛、婚姻，父母當參謀、定方向已然成為常態。久而久之，很多人甚至索性就躺在了父母的「規劃」上樂享其成。然而，兒時依賴父母規劃，走進社會懶得規劃的弊端正在發酵：做事不講邏輯，遇事茫然無措，動輒意氣用事……不管是沒有規劃的，還是依賴他人為自己規劃的，人生多半不如意。如果你不想這樣，就應該儘早給自己的人生來一次長遠又合理的規劃。

做規劃，說起來簡單，做起來困難。你也許有許多浪漫的想法，比如喜歡旅行，但是，你卻無法依靠旅行生活；你也許對

第六章　自我成長的底層邏輯

音樂著迷，但是你要看看走相關之路是否適合自己。雖然說規劃沒有一個絕對的標準，但僅憑興趣愛好作出決定，卻不是明智之舉。我們要找尋一個符合自己興趣和發展機會的平衡點，可以在筆記本上：

——將自己所有的愛好和興趣列出來，這個名單可能很長；

——將它們按自己偏好的程度進行排序；

——將位居末尾的幾項去掉；

——將能夠選擇的職業列出來，這個名單也可能很長；

——將它們按市場價值排序；

——將位居末尾的幾項去掉；

——將這兩項列表進行對比，找到一些共同的內容。幸運的話，共同點可能很多；

——將共同點單列出來，再做第二輪的篩選。

如果你經過冷靜的思考，在了解了所選擇的職業，包括可能要經歷的困難後，仍然對它充滿熱愛，覺得自己適合它，那麼就選擇它吧！既然做到了不受熱情的欺騙，也不會倉促行事，那極有可能會創造出一個屬於自己的精采人生。

堅持的動力來自哪裡？

堅持的動力來自哪裡？

堅持對於成功的重要性，無疑是十分重要的。實際上它從另一方面也說明了堅持的困難程度，不難的持續性行為叫享受，而不是堅持。

那麼堅持為什麼會這麼難呢？除上文提到的目標不適合、意志力不夠強之外，還有沒有足夠的耐心、缺乏足夠的勇氣面對困難等等，都讓堅持很難，但這些其實都還沒說到根源上。

你可以反過來想一想：堅持的動力來自哪裡？

一定程度上，人的本性決定著，當看到一件事有了希望才能越做越有力氣。幾乎沒有任何事物能夠超過希望對於人的感召所帶來的影響，哪怕「困難」和「單調」不斷企圖扼殺你的夢想，你依然能夠發現自己夢想裡的激勵力量。

那希望是什麼呢？

美國作家歐·亨利（O. Henry）在他的小說《最後一片葉子》（*The Last Leaf*）裡講了這樣一個故事：病房裡，一個生命垂危的病人在房間裡注視著窗外的一棵樹。秋風中，樹上的葉子一片片掉落下來。病人望著眼前的蕭蕭落葉，他的身體每況愈下，一天不如一天。他說：「當樹葉全部掉光時，我也就要死了。」一位老畫家得知後，用彩色筆畫了一片葉脈青翠的樹葉掛在樹枝上，看著這片始終沒有掉落的綠葉，那位病人竟奇蹟般地活

第六章　自我成長的底層邏輯

了下來。

其實，讓這個生命垂危的病人生存下來的就是希望。它像一盞小小的燈，讓我們在苦難中看到光明和美好。它幫助我們在內心產生一種力量，讓我們相信眼前的不如意很快就能過去。

實際上，許多劫後餘生的人都有相似的心路歷程。美國一家電視臺曾經錄製了一期別開生面的談話節目。導演請來的嘉賓都是曾經有過遇險經歷的人，有人是在沙漠中迷路十幾天後獲救的；有人是在地震時被困亂石中，在快渴死的時候被解救的；還有人遭遇過海嘯、土石流等災害。這些劫後餘生的人有一個共通點，那就是：

面對災難時，努力尋找希望，反覆告訴自己再堅持一下。而奇蹟，最終在死神到來之前來到了。

成功學大師拿破崙・希爾（Napoleon Hill）說：「沒有任何東西能夠換取希望對於人的價值。當我們面對失敗的時候，當我們面對重大災難的時候，我們都應該將人生寄託於希望，希望能夠使我們淡忘自己的痛苦，為我們汲取繼續走向成功的力量。」

想想我們做過的事，從事情的開始到事情的終了，整個過程中，最開始時充滿期望和喜悅，接著會有很多困難和挫折，在這個階段普通人與傑出的人是沒有多大差別的，然而，往往到最後那一刻，兩者的差距便會顯現出來。普通人也很努力，

但卻常常因無法看到成功的希望放棄堅持；而傑出的人則始終讓自己腦中希望的「小火苗」不熄滅，並持續努力，堅持到最後，最終迎來了勝利。

這個「小火苗」可以是一個人。假如沒有一個信心十足的妻子蘇菲亞（Sophia Hawthorne），我們也許就不會知道美國大文豪霍桑（Nathaniel Hawthorne）。當霍桑回家後傷心地告訴太太，他丟掉了海關職員的工作，他是一個失敗者時。妻子卻很高興地說：「現在，你可以寫你的書了！」在希望的感召下，美國文學史上一本偉大的小說《紅字》（*The Scarlet Letter: A Romance*）誕生了。

希望也可以是一次微小的成功。美國最有名的拳擊運動教練哈利斯曾坦言，自己就是運用這種方法將麥加芬成功地訓練成了一名輕量級拳擊運動的世界紀錄保持者的。他說：「慎重地選擇和他比賽的對手是獲得成功的關鍵。任何人在任何事上要取得成功都應是這樣的。我讓麥加芬先和比較容易戰勝的對手較量，這樣一個個比下去，每次挑選的對手，都不會使他很難取勝，這樣有利於他自信心的培養和建立。不過，我每次總會把對手的水準比前一個提高一些，每一次取得的勝利比上一次都要難一點，這樣，他在每次比賽中都能夠有所收穫。」

希望還可能只是內心對未來生活的美好憧憬，也許只是你為自己描繪的一幅美景……其實，希望是什麼並不重要，重要

的是，它能夠支撐我們在任何時候都能堅定地走向未來。

所以，不管做任何事情，當你覺得自己難以堅持的時候，都請給自己一個希望，不論大小，只要始終抱有希望，去期待、去堅持、去實現，生命必將變得美好而有意義。

有比較，才有進步

身處喧囂的人海之中，任誰也擺脫不了比較。有比較，才會顯出差距，知道了差距，才會進步，但它卻常常被認為是一種消極的心態而被加以抵制。

事實上，比較，除了可以帶來自卑、羨慕、嫉妒外，也可以是進步的原動力，它在相當程度上可以用於自我評價、自我改進和自我提高。

因為人們普遍有一種「希望自己比別人好」的向上內驅力，人人都渴望成為那個優秀的、自己所在團體中較高水準的人。如果沒有向上的比較，你周圍都是與你在同等層次，甚至各方面都不如你的人，你就會產生一種自己最優秀的感覺，很難知道自己的不足，不知道不足，也就自然很難取得進步。當你透過比較，認識到自己的實際水準以及在團體中的地位不是很優越時，也就相應找到了差距和努力的方向。

有比較，才有進步

美國有一名叫亞瑟・華卡的農家少年，在雜誌上讀了一些大企業家的傳奇故事，很想知道得更詳細些，同時希望得到他們對後來者的忠告。於是在這個想法的驅動下，有一天，他獨自一人來到紐約，也不管對方幾點辦公，早上7點就到了威廉・亞斯達的事務所。

在第二間房子裡，華卡立刻認出了面前體格結實、長著一對濃眉的人就是他的偶像威廉・亞斯達。亞斯達一開始覺得眼前這魯莽的少年有點討厭，然而一聽少年問他：「我很想知道，我怎樣才能賺得百萬美元？」他的表情變得柔和起來。兩個人談了一個小時。

在華卡離開時，亞斯達告訴他該去訪問哪些業界名人。華卡在亞斯達的指導下，成功拜訪了一眾做出成就的企業家。

在賺錢方面，華卡所得到的忠告並不見得對他有實質性的幫助，但是能得到成功者的指導，讓他很高興，也很自豪。他開始效仿他們的做法。過了兩年，24歲的華卡成為一家農業機械廠的總經理，又過了5年，他如願以償地成了百萬富翁。

我想每個人都會承認，世界上總有比我們更成功的人。而不同的人在看到別人比自己更成功時，會有不同的心態，而這種種不同的心態，往往又反過來影響我們的思想和行為。

如果你嫉妒他人的成功，心理就容易失衡，那麼事情往往會是以損人開始，以害己告終。例如，在《三國演義》中，東

第六章　自我成長的底層邏輯

吳大將周瑜是何等的英雄氣概、雄才偉略，人中龍鳳，但他卻偏偏要妒忌諸葛亮之才，千方百計要害死諸葛亮，結果對方沒事，自己卻因此早逝。

相反，如果你心境平和地接受他人的成功與幸運，並深入觀察和思考別人為什麼會成功，然後潛心思索和借鑑他人成功的方法，你就會從中感悟到許多有價值的東西，也有可能從昔日的追兵，成為今日的標兵。

簡單來說，你可以選擇在別人的輝煌裡自暴自棄，也可以選擇奮起直追成為別人的榜樣。如何抉擇，是否成功，全在於你。

成長需要「破舊立新」

有人做過這樣一個有趣的實驗：把六隻蜜蜂和六隻蒼蠅裝進一個玻璃瓶中，瓶口開啟，然後將瓶子平放，瓶底朝著窗戶，猜猜會發生什麼情況？實驗中，蜜蜂不停地想在瓶底上找到出口，一直到牠們力竭；而蒼蠅則會在不到兩分鐘時間內，穿過另一端的瓶口逃之夭夭。

為什麼會這樣呢？這是因為蜜蜂一直以來對光亮有非同尋常的喜愛，這讓牠們以為，「囚室」的出口必然在光線最明亮的地方，所以牠們不停地重複著看似合乎邏輯的行動，卻由此走

成長需要「破舊立新」

上了滅亡之路。然而蒼蠅則只顧想辦法逃命，四下亂飛，結果誤打誤撞地碰上了「好運氣」，由此獲得自由和新生。

我們很多人的人生，不也如此嗎？人在一定的環境中工作和生活，久而久之，就會像蜜蜂一樣形成一種固定的思維模式，使我們習慣於以固定的角度來觀察、思考事情，以固定的方式來接受事物。

這種習慣會束縛人的思維，使思維按照固有的思考路徑展開。雖然它有時可以使我們在從事某些活動時獲得便捷，可以節省很多時間和精力（因為有現成的依賴參照物，可以減少對事物的「思考成本」），但很多時候，它也會束縛我們，讓我們只想到用常規方法去解決問題，而不尋求其他「路徑」突破，也由此給解決問題帶來消極影響。

要知道，成功，不僅需要「山重水複疑無路，柳暗花明又一村」的持之以恆，也需要一點「運氣」成分——即「不識廬山真面目，只緣身在此山中」的幡然醒悟，和「橫看成嶺側成峰，遠近高低各不同」的多角度思維，幸運之神更偏愛有頭腦、會思考的人。

有一個男孩，吃飯挑食，願意吃的多吃幾口，不願意吃的一口也不吃，因此比同齡人顯得瘦弱，對此，父母一直沒有找到好的解決辦法。父親時常思索：「孩子要的是什麼？我怎樣才能把我所要的變成他所要的？」小男孩有一部三輪車，他喜歡在

第六章　自我成長的底層邏輯

家門口的人行道上騎。附近住著一個大男孩，常常把他從車上拉下來，把車搶去騎。

每當小男孩哭叫著跑回去告訴母親，母親總是立刻出來，把那個大孩子拉下來，再把她的小孩抱上去。孩子要的是什麼？他的自尊，他的憤怒，會驅使他採取行動。因此他父親對他說，有一天他可以把那個大男孩打得落花流水時，就不用再擔心自己的車被搶了。而要想把對方打敗，他需要強大，要有力氣，如果他願意吃飯，不再挑食，他就可以很快強大起來，就可以把那個常搶他三輪車的小霸王痛揍一頓。小男孩聽後，默默點頭。

其實這個父親的思維方式，就是典型的底層邏輯思維。他跳出了原有思維活動的路徑，從孩子挑食的底層邏輯出發，最終成功解決了問題。

現實生活中，人們總是習慣於依照固有的思維路徑思考事情，因為經歷過的事情會形成方法論，形成一定的認知。但是卻不知道，一切都在變化，經驗不是萬用萬靈的，我們要分清什麼樣的經驗可用，什麼樣的事情不能按照經驗來決策。當你正被困在一個看似走投無路的境地，或者正囿於一種兩難選擇之間時，試著打破固有的思維模式，從事物的底層邏輯出發，以不變應萬變，也許會有新的發現，會找到不止一條走出困境的出路。

人的思維空間是無窮大的，像迴紋針一樣，有億萬種可能的變化。走出定勢思維的漩渦，也許未必會馬上讓人成功，但換個角度看問題，一定會帶來新的啟發，情況也許就會改觀。

對舒適圈：跳出 or 擴大？

一位作家曾說：「當你一直處於舒適圈時，你周圍都是與你在同等層次，甚至沒有你優秀的人，你會產生一種自己最優秀的感覺。而如果對外界沒有認知，就很難知道自己的不足。」

的確如此，舒適圈造就的假象，會把沉浸其中的人的潛力一點點削弱、淡化。但問題是，這個舒適圈，很多人不知道是要跳出去，還是把它擴大些。

作出結論之前，我們先來看看什麼是舒適圈。舒適圈，顧名思義，就是讓你感到安逸、舒適、輕鬆、有掌控感的一個圈子、一個區域。也就是說，你處在熟悉的人和環境當中，用習慣的方式做你擅長的事情。它可以幫助我們節省很多精力，但同時因為沒有變化、沒有挑戰，也會讓我們難以進步。

如果從舒適圈跳出去，要有改變現狀的勇氣，但跳出去的結果不可知、不可控，因為在「圈」外會遇到什麼人、什麼事，沒人能夠給出準確答案。要麼成功找到新的模式，要麼耗

第六章　自我成長的底層邏輯

　　盡心力卻沒有找到合適的圈層，這時它就是一次失敗的嘗試。當然，如果喜歡冒險，喜歡衝破原有圈層獲得新鮮體驗則另當別論。

　　而如果選擇擴大舒適圈則會如何呢？事實證明，它是一種更保險、也更負責的方式。選擇擴大舒適圈，往往是不斷思考現在的生活和當前的境遇，並基於這些因素進行有益的、微小的改變，最終一點點拓寬自己活動領域。

　　其實，在這個世界上，我們每個人都是獨一無二的，人人都有自己的優勢才能，也都有自己的最佳發展區。古人說，智者有所不慮，巧者有所不為。人最不應該做的事情之一就是拋開優勢去補短，也就是說我們應該去想辦法發揮自己的天賦，即揚長避短。就如韓信，不必去學耕地；諸葛亮不必會經商；只有處於「舒適圈」中，我們才有機會將自己的優勢擴大，謀求更大的發展。

　　現實生活中，大部分人之所以紛紛喊著跳出舒適圈，往往是盲目跟風，看到大家都在忙、都在進步，擔心自己被別人落下，也不得不跟著跳。但既缺乏獨立思考能力，又不根據自己的實際情況作決策，後果可想而知，前方不知有多少坑呢。

　　是薔薇，就沒有必要強求自己成為玫瑰；是麻雀，就不要強求自己成為鳳凰。從一定角度看，好的成長其實是始終遊走在「舒適圈邊緣」。香港作家蔡瀾說：「把自己已經取得的成績和

生活習慣妖魔化，真的是這個時代的悲哀。」

如果你選擇跳出舒適圈，是基於你的實際情況，比如，你的舒適圈並不能讓你感到舒適、你的舒適圈阻礙了你的發展，或者你對自己的人生有了新的規劃⋯⋯那麼，可以在能力範圍內進行嘗試。

如果你的舒適圈還有擴大的空間，可以透過時間的遷延性將量的改變累積成質的改變。事實已經證明，不斷拓展舒適圈的邊緣，把擅長的領域不斷擴大，將學習圈慢慢變成舒適圈，這樣循序漸進的成長，是最有效且能持續的。

你的底氣源自自我悅納

自我悅納，即心甘情願接受自己的一切並真心喜愛，這是一個人健康、成熟的象徵之一，也是一切利他的思想、語言和行為的開端。因為只有愛自己，才能愛別人，才能愛世界，也才可能有真正的歡喜、安定和無畏，才可能有廣闊的胸襟。

也許有人覺得這個邏輯毫無意義，我就是很愛自己啊！

但是，你真的知道什麼是自愛嗎？

愛自己，不是為了滿足自己某種欲望而不顧他人的自私自利；也不是在擦破的膝蓋上貼個OK繃，然後自怨自艾；也不

第六章 自我成長的底層邏輯

是對取得的成就沾沾自喜，遭遇一點點挫折就自暴自棄⋯⋯真正的愛自己，愛的應該是全部的自己、真實的自己。不管外表如何——美麗，平凡，抑或醜陋；不管能力如何——過人，平庸還是低人一等；不管性格如何——被人喜歡的，不被人喜歡的等等，這些都是你的「組成部分」，你愛的便是由這些構成的一個獨特的你：

我就是這樣的一個人，我接受這樣的自己，不帶批判，沒有是非對錯。一個人若能坦然做到這樣，就會有多餘的能量去溫暖和照亮這個世界。

我們大多數人愛的其實都不是整個的自我。什麼我太胖了，我太窮了，我太笨了等等，這些常常成為我們自慚形穢的理由。這其實是一種不愛自己的表現。這種表現往往會讓人從懷疑自己的能力到無法很好發揮自己的能力，從怯於與人交往到孤獨地自我封閉。

本來經過努力可以達成的目標，也可能會因認為「我不行」而放棄。

可是，當我們把目光轉到那些看似完美的人身上時，便會有新的發現：上帝並不是對他們寵愛有加，讓他們強壯有力。事實上，任何人不可能在各方面都優秀，人們都或多或少在某方面存在一定的缺陷和不足。如果用常人的理論和標準去衡量的話，他們身上的種種缺陷也十分嚴重，拿破崙矮小，林肯醜

陋，羅斯福（Franklin D. Roosevelt）癱瘓，邱吉爾臃腫，哪一條不令人感到煩惱？

但人是可以認識自己、掌握自我的。自我悅納的人，能夠實事求是地正確看待自己，也能正確理解和看待別人，不僅能認識到自己有缺點和毛病，同時更相信自己有能力和價值。他們不苛求完美，因為他們深知每個人的兩重性是不易改變的。

當每個人都能以這種自我認識、彼此包容的思維意識考慮和解決問題時，就能從條件不足和不利的環境中解脫出來，不必藏拙，不怕露怯，而是集中精力去發掘自己的優勢，或者增強自身的能力。

當我們在不斷地尋找自己、定位自己、調整自己的過程中，找到自己的優勢時，也就找到了開啟通向成功之門的鑰匙。

事實上，如果你掌握了逆向思維，甚至還可能把缺點變成優點，加以展現和巧妙利用。美國內布拉斯加大學的一項研究顯示：「壞性格」可能會激發一些特殊才能。比如性格多疑的人，雖難以被他人接受，但他們觀察細緻、思維縝密，在從事一些煩瑣任務時，往往做得很出色。天生攻擊性強的人，雖然為人魯莽、愛惹麻煩，但容易被調動積極情緒，適合當一名突破瓶頸的「開路先鋒」。依賴性強的人，缺乏進取心，但他們作為助手卻會讓人覺得非常貼心，利於增強凝聚力。

所以，不論你之前自認為有多少缺點和不足，做了多少傻

第六章 自我成長的底層邏輯

事、壞事或蠢事,從現在起,都停止對自己的挑剔和責備。學會自己愛自己,全面地認識自己、真誠地接納自己。這種健康的、積極的自愛心理和良好的、公允的自我評價,會影響並指導你的行為,在學習、成長、擇業與社交能力、選擇配偶等方面,會增強你面對世界的底氣。

第七章
情緒梳理的底層邏輯

　　一個人命運的好壞，與他的主觀態度和心理定位有極大的關係 —— 在相當程度上命運取決於我們自己而不是外在環境。透過左右自己的心靈來左右自己的行動，你就有機會改變環境，顛覆命運。

第七章　情緒梳理的底層邏輯

你控制情緒，還是情緒控制你

你經常被情緒控制，做出種種讓自己後悔的愚蠢行為，還是能夠自由調節它們，做情緒的主人呢？

遺憾的是，大部分人是前者。我們經常聽到：某某考試，一個平時成績不錯的學生由於緊張，發揮失常，結果成績平平，名落孫山；丈夫與妻子吵架，盛怒之下，開車撞死了妻子……生活中太多這樣因情緒失控而造成的悲劇。如果任由這些情緒牽著人的鼻子走，常常會造成難以估量的後果。

也許你會說：「是的，我也明知這樣不對，但就是壓不住它！」

如果你是這樣理解的話，說明你並沒有抓住情緒的本質。

情緒是感情的一種表徵，而不是問題的根源。壓住情緒，雖然讓情緒暫時得到控制，但是問題並沒有得到真正解決。實際上，每種情緒都有其意義和價值，一個人出現了什麼樣的情緒，其實是在告訴這個人，他的生活和事業在哪裡出了問題，需要作出處理。比如，當我們考試的成績不理想時，可能會情緒低落。但如果我們不甘心落後與失敗，振作精神，奮起直追，就把消極情緒轉化為積極情緒了。這種感覺如同痛感，只有你感覺到了痛，才會把手從火爐上抽回。情緒也一樣，如果沒有各式各樣的情緒表現，我們的種種感覺就會被削弱。

也就是說，控制情緒，並不是要否定它、壓抑它，而是要

與情緒「和平共處」。如果發脾氣是當下最好的選擇，那就去發脾氣。

因為這時候的發脾氣是一種情緒策略，是自主意識下可控的，是有目的的選擇。這時候你不會因為情緒激動，做出不可挽回的事情，因為你的感性一直被理性牢牢駕馭著，是在理智判斷哪種情緒或者行為更能達到自己的目的後，才進行啟用的。

接受情緒是每個人對情緒的基本態度。對任何問題，如果一個人不能面對它，不肯承認它，那麼就只能被動地受它影響，而無法很好地處理它。情緒也是如此，如果你否定它，它不會消失，只會藏在你的潛意識裡，繼續影響你。雖然你可能感覺不到，但是在你想像不到的地方，它可能會操控你做出你自己不想做的事。

情緒的自我察覺是自控的關鍵。覺察自己情緒的變化，才能更清楚地認識自己的情緒源頭，有利於控制情緒，培養健康情緒習慣。

例如，你被激怒了，心中蓄滿排山倒海的怒氣，肌肉緊繃，表情緊張，懷著敵意的衝動，這時你要覺察到它的存在，知道它隨時要引發失控的行為——可能說錯話，做錯事，作出不正確的判斷和回應。

之後，才能保持警覺，理性才可能出來疏解情緒，讓你心平氣和地處理問題。

第七章 情緒梳理的底層邏輯

合理宣洩是消解情緒的最佳管道。正所謂「堵塞不如疏導」，壓抑、克制情緒階段往往意識不到情緒的存在，這只說明情緒不在「顯意識層」出現，很可能成為隱藏在心理深處的「暗流」。而聚集在心理深處的「暗流」如果找不到宣洩的途徑，就會越漲越高，在心理上形成巨大的壓力。這時，需要找一個或幾個適合的管道宣洩情緒，可以將情緒寫出來，也可以放聲痛哭，還可以享受美食、找人談心或擊打沙袋等等。

意識重建是自控的最高境界。意識重建，即有意識地用建設性的態度對情況重新解讀。其態度就是，站在對方的立場上，想一想對方是否情有可原。很多時候，我們常會以一種單一的思維去解讀身邊發生的事情，比如當你在路上正常駕駛時，前面的車毫無徵兆地突然煞車，你急踩煞車，才避免追撞。你本能的反應一定是：「好險！差點要了我的命！這個司機是不是有毛病啊！」這時，如果你換一種思維方式，這樣想：「這個人是不是新手啊？是不是有很著急的事情啊？需不需要幫助啊？」這樣想的話，你的怒氣可能就會煙消雲散。

所以，當我們產生諸如恐懼、焦慮、嫉妒、羞愧等情緒時，試著從多個角度，或者換一種思維解讀遇到的問題，事情可能就會展現出不同的面貌。

你可以「殺死」焦慮

現如今，焦慮情緒普遍存在於每個人的生活中，它已經不是某個人的事情了，整個世界似乎都在販賣焦慮。我們也曾嘗試用各種方式擺脫它：喝酒、聽音樂，劇烈運動，甚至跑到海邊、樓頂大喊。

但是，短暫的緩解之後呢？你會發現它依然存在：工作仍然沒有起色，孩子轉學的事情依然沒有進展，信用卡的帳單也依然還在……只有等一件事情徹底解決了，心才能放下來，焦慮也才會消除，可是很快又開始擔心起別的事情來了，焦慮捲土重來。就這樣，在與焦慮的搏鬥中，我們屢屢敗下陣來。

造成這一結果的主要原因是我們的辦法只治標不治本。如果你焦慮的心理沒有改變，就會有解決不完的問題，焦慮也會一直困擾著你。

只有弄清楚焦慮的底層邏輯，我們才能真正「殺死」它。

焦慮，本質上是安全感的缺乏，一般是由所面對的事物未來走向的不確定性引發的。要麼是你高估了壞結果發生的可能性以及它的危害程度；要麼是你低估了自己的應對能力。比如你焦慮工作還沒做完，你的大腦會自動製造一連串的負面資訊，讓你往壞的方向去想：我會搞砸它、我無法如期完成等等，而且還會聯想由此產生的一系列不利後果：主管肯定會很生氣，他

第七章　情緒梳理的底層邏輯

會對我很失望，我會失業，房租會付不起⋯⋯但這些並不是事實，只是你內心因恐慌而產生的臆想。

所以，要想真正戰勝焦慮，絕對不是去解決不確定性（因為未來永遠是不確定的），而是要學習去面對和接受不確定性。

事實上，所有在內心深處折磨你、讓你痛苦的，都是你不願意接納的。不願接納就會產生對抗。當你的思維活動開始與情緒對抗時，你的專注力就不再集中於當前所進行的工作，而這會讓你更加深陷情緒之中，焦慮由此產生。

一位高僧有與飛禽走獸說話交流的特殊能力。在一個悶熱的夏夜，屋外青蛙和蟋蟀的鳴叫，讓他心煩意亂，無法誦經。於是，他對著屋外生氣地大喊：「蛙兒、蟲兒，請你們安靜些，別叫啦！」

屋外喧鬧的聲音立刻停了下來。可不知為什麼，高僧仍是心神不安，難以平靜，無法繼續誦經。他覺得似乎有兩個人在自己的心頭對話：

「上蒼會不喜歡蛙叫蟲鳴嗎？」、「如果上蒼不喜歡，為什麼要讓牠們夜夜大合唱呢？」、「看來上蒼一定是喜歡的！」、「那有什麼理由禁止牠們歡樂呢？還是讓牠們繼續歌唱吧！」高僧似有所悟，片刻後，他對著屋外高興地喊道：「蛙兒、蟲兒們，對不起，請你們盡情歌唱吧！」蛙鳴蟲叫又立刻重新開始了。說來也怪，儘管牠們發出的聲音和以往並沒有什麼不同，但這時的

高僧卻感覺不到吵鬧，反倒覺得牠們的叫聲格外地悅耳、和諧與美妙。他誦經時也突然感到，除了自己的祈福聲之外，還有眾多生靈的祈福聲與之相和。

其實我們的焦慮情緒，或者說其他一切消極的情緒，就好像是喧鬧的「蛙鳴蟲叫」，當我們接受它們時，它們就不再成為我們的困擾了。

所以，我們首先要允許自己焦慮，告訴自己，是人就會焦慮。

任何一種情緒都只是情緒源的外在表現罷了，所有那些固定的、自動化的、無意識的思維活動的產生和發生機制，都是正常的，都不是你的錯，不要因此否定自己。你要允許自己這個樣子，接納自己這個樣子。

實際上正是因為有了對當前遭遇的擔心、害怕、焦慮和不安，我們才能提高注意和警惕，提升覺醒的速度，在大腦皮層上形成「警戒點」，並加以剖析辨認。這樣，就會有利於我們克服所遇到的挫折、困難和失敗，使事情向好的方面轉化。

而接受焦慮，允許自己焦慮，就是在讓焦慮成就我們的「修行」。

因為只有這樣，我們才會把注意力放在引起焦慮情緒反應的根源上，而不是陷入焦慮情緒當中。當我們回到當下時，才會把手頭上該做的事情完成，用行為代替焦慮的情緒。比如你擔心工作做不好，那就提醒自己現在做點什麼，然後就開始做，

第七章　情緒梳理的底層邏輯

碰到了問題就去解決問題，不管是去問別人，還是自己去查資料、去鑽研都可以。柳暗花明之後，你就會感嘆：「殺死焦慮，原來如此簡單！」

與敏感和諧共處

敏銳力或者敏感度一直被視為藝術和成功的靈感來源。敏感的人，能及時感知條件、情緒、氛圍和能量的轉變，能對自己和身邊的人有清醒的連結和感覺，這種天賦是令人羨慕的。

但這種天賦對擁有它的人來說，有時卻未必是好事。

設想一下，如果有人對另外一個人說：「你的長髮比以前烏亮了，柔美極了！」這個人會怎麼想？

如果這個人不僅不感謝對方的讚美，反而心裡認為對方是在嘲諷她：說我長髮柔美，言外之意是我面貌醜陋、體態臃腫，或者認為我的髮質之前很糟糕，不如她的頭髮柔美。那麼基本可以斷定這個人是一個高度敏感的人。

高度敏感，說白了就是內心想法太多。他們對別人說的話、做過的事總是喜歡一幀一幀地思索、腦補，曲解和誇張一切外來的資訊。比如，伴侶不回訊息，就認為對方對自己冷淡了；自己做了一個不好的選擇，就認定自己很糟糕；對方沒有履行

諾言，就認為感情發生變化了⋯⋯

無疑這類人是在用一種幼稚的認知方式，為自己營造可怕的「心靈監獄」。因為當一個人執著地「徜徉」在各種事物含義中的時候，負面想法就會滋生。這樣過度敏感，會把一些簡單的事情複雜化，會讓腦中的「發條」始終是繃緊的。承受這個最大折磨的對象其實就是這個人，這也就是我們常說的自尋煩惱。

但是如果認為不想自尋煩惱就可以不想的話，那就把問題想得太簡單了。遺憾的是，我們永遠無法真正控制自己的思想。我們能做的只能是停止「內耗」，學會與敏感和諧共處。

事實上，高度敏感的人之所以會想太多，是因為他們傾向於非理性的邏輯思維，即他們喜歡將一個人的所有行為都與其價值觀對應起來。在他們看來，哪怕一個微小的行為動作，都代表著當事人的價值觀。以「沒回訊息」為例，高度敏感的人往往會這樣思考：

他沒回訊息，是因為我做錯了什麼嗎？他沒回訊息，是因為他出了什麼事情嗎？他沒回訊息，是因為他不想搭理我了嗎？他變心了，不再喜歡我這樣的人了⋯⋯

理性的邏輯思維，可以這樣解讀這件事：他沒回訊息，可能因為手機沒有電了；他沒回訊息，可能因為忙著工作；他沒回訊息，可能因為手機忘記帶了⋯⋯可見，高度敏感的人考慮事情往往充滿臆想，凡事往壞處想，而不願從客觀實際出發判斷問題。

第七章　情緒梳理的底層邏輯

佛羅里達大學的心理學家巴里・舒蘭克說：「完全沒有必要去探尋一個人的所作所為是否別有用心。」大多數可能的情況是他們根本沒有意識到你會受到傷害。當你向對方指出失禮的言行後，「冒犯者」通常會致歉。

所以，當習慣性的胡思亂想再次出現時，有必要提醒自己：回到理性的邏輯思維上來，不要主動製造煩惱的資訊來自我刺激。當你真正學會了「不在意」他人，真正懂得了如何與一個人相處，那你也就從敏感的自我中掙脫出來了，即使面對一些真正的負面資訊、不愉快的事情，也能處之泰然，處理得當。

在腦子裡裝一個「調壓閥」

很多時候，我們會覺得自己很累，時刻想要逃離。而這種累，實際上是「心累」，主要是由心理壓力造成的。

心理壓力到底是一種什麼樣的「東西」呢？

一位知名心理諮商專家先生說過：心理壓力是魔鬼與天使的混合體。一方面，它是能帶給人心靈和軀體雙重傷害的魔鬼，而另一方面，壓力又能讓我們保持較好的覺醒狀態，讓我們的智力活動處於較高的水準，能夠更好地處理生活中的各種事件。

美國麻薩諸塞州的艾摩斯特學院曾做過一個很有意思的

在腦子裡裝一個「調壓閥」

實驗：

工作人員用很多鐵圈把一個小南瓜整個箍住，然後觀察當南瓜逐漸長大時，能夠承受鐵圈多大的壓力。實驗結果表明整個南瓜承受了超過 5,000 磅的壓力，瓜皮才破裂。這足達到他們最初預估可以承受 500 磅的壓力的十倍。而且，當他們試圖把這個南瓜剖開時，刀具和斧子都「敗下陣」來，最後是用電鋸鋸開的。這個南瓜果肉的強度相當於一株成年的樹幹！

小小南瓜所能承受的壓力大到超乎我們的想像，其實人類又何嘗不是如此！日復一日，年復一年，我們從事著自己所熟悉、擅長的工作，如果我們願意回首，細細審視，將會發現：正是看似緊鑼密鼓的工作挑戰、永無休止的難度、漸升的環境壓力，在不知不覺間造成了我們今日的非凡能力。所以說，有時我們排斥、痛恨、逃避壓力，還不如就主動承受，頂著壓力不斷前進，讓自己的適應力、處理問題的能力不斷提高。

但是，想要完成壓力與動力之間的轉換，卻並非易事。沒有壓力我們會鬆懈，而壓力過大，又會壓垮我們，讓我們喪失信心和熱情。

那麼，壓力和動力之間的最佳平衡點在哪裡呢？

心理學上將壓力和動力的平衡點稱為「貝克爾境界」。世界網壇名將貝克爾（Boris Becker）之所以被稱為常勝將軍，其祕訣之一便是：在比賽中，自始至終防止過度興奮，保持一種輕

第七章　情緒梳理的底層邏輯

鬆而不放鬆的心態。這就是「貝克爾境界」，也就是人們常說的「尺度」。

這個平衡點就好比在我們的腦子裡裝個「調壓閥」：

當我們覺得自己的壓力太大了，就選取適當的方式鬆鬆力氣，發洩發洩，比如：傾訴 —— 透過適度、恰當地傾訴，將工作中的壓力逐步「轉」出去，也可以從朋友那裡獲得支持和鼓勵，重新喚起奮進的勇氣與決心。寫作 —— 美國心理協會推崇透過寫作減壓。這個方式可以有效將生理、心理上的一切煩惱「發洩」出去。大笑 —— 科學實驗證明，當人開懷大笑時，體內引起壓力的激素皮質醇和腎上腺素開始下降，免疫力增強。這種效果能持續 24 小時。有趣的是，當預感即將大笑時，這種效果就已經開始了。聽歌 —— 音樂可促進身體和心理的放鬆，緩解緊張的情緒，減輕心理壓力，還可獲得力量和勇氣。睡覺 —— 疲憊的身心更容易產生壓力，一個有充足睡眠的人要比經常性失眠的人承壓能力強，有更強的力量應對不利環境。

另外，睡眠不足容易損害人體的 T 細胞，而人體的 T 細胞是負責對抗外來細菌的。運動 —— 慢跑、快走是一種緩解壓力的好辦法，簡便易行。

當你覺得自己缺少了熱情時，就給自己加些力氣，逼自己一把。

古語曾有「置之死地而後生」、「破釜沉舟」等說法，講的是

事情到了關鍵時刻,當事者才不得不冷靜下來,絞盡腦汁去思考轉危為安的方法。著名科學家貝弗里奇(William Beveridge)也說:「人們最出色的工作往往是在逆境中做出的,思想上的壓力,甚至肉體上的痛苦,都可能成為精神上的興奮劑。很多作家、畫家平時靈感難尋,只有在交稿時間非常迫近而產生的壓力下,大腦裡才湧現出靈感。」

逼自己,就是要求自己要比過去更強、更快。逼自己,就是要求自己實現超越:別人想不到的,我要想到;別人不敢想的,我敢想;別人不敢做的,我來做;別人認為做不到的,我一定要做到。不逼自己一把,你永遠不知道自己有多優秀!

掌握好節奏,掌握好壓力的「尺度」,讓自己處於不溫不火的半興奮狀態,循序漸進地前進,最終會讓自己從容實現超越。

真正的自信是勇氣

什麼是自信?

可以簡單理解為,自信就是相信自己,經由相信自己所產生的正面能量,催生力量,從而使自己勇往直前面對挑戰。

從這個意義上來說,自信的本質其實是勇氣。也就是說,缺乏信心並不是因為出現了困難,而是缺乏面對問題的勇氣。

第七章 情緒梳理的底層邏輯

比如，很多人一遇到事情，還未曾仔細思量這個事情的困難程度，就預先在自己心底放下了「柵欄」——「這事是不可能完成的！」、「這事不可靠！」「哪有這回事？怎麼可能？」、「算了吧！別試了！」、「這樣的好事怎麼可能輪到我？一定有問題！」、「這麼大的專案，我怎麼談得成？」、「這個客戶很固執，這樁生意不可能談成！」、「形勢這一變，事情一定泡湯了！我沒有辦法應對。」

這種種「不行」，其實都是我們自己缺乏面對問題的勇氣，都是自己給自己設下的無形障礙。正是這種無中生有的無形障礙，使我們謹小慎微，裹足不前，錯過了許多我們本來應該去做，而且能夠做好的事。

要想完好徹底地解決這個問題，就要從底層獲得真正的自信，就要有面對任何問題的勇氣，這是做事成功的出發點。

其實，在我們開始做任何事情，尤其是開拓新領域時，有恐懼心理是很正常的，它使我們意識到我們應該準備處理事情或是規避某些問題。從積極方面來看，對某些事物或問題適當的恐懼，可提高我們的警惕，督促我們考慮事情更加周全，處理問題更加小心謹慎，趨吉避凶，更好地保護自己。而消極的一面是讓我們知「難」而退，本來可以透過努力完成的事，也因恐懼而不敢輕易嘗試，最終選擇放棄。

對待恐懼心理的態度，將有勇氣的人和怯懦的人區分開

來。怯懦的人往往會接受大腦發出的下意識命令：「我做不到」、「我做不好」、「我搞不定」——阻止你去嘗試——從而選擇了放棄。即使你勉為其難地去做，也很難獲得想要的結果，因為你已經在心底種下了失敗的種子。而有勇氣的人則在承認內心恐懼的同時，努力找出產生恐懼的原因，並認真、深入地剖析它們，最終他們認為自己可以處理好問題，或者覺得至少值得嘗試一下之後，他們就開始行動了。

總之，能不能做出更出色的事情需要我們有足夠的自信，敢去想，敢去做，只有這樣成功才會到來。很多事情，一定程度上，我們覺得自己能做到，就可以做到。我們覺得自己做不到，就做不到。

既然這樣，那就消除「我不可能做到」「我不敢去做」的想法，勇敢去面對，勇敢去行動。

因此，遇到困難時，多問問自己「能否變不可能為可能」，而不再輕易地去作出「不可能」、「不可行」、「做不到」、「無法勝任」等判斷，盡可能地尋找可能性。當你把關注點從「不可能」轉移到「有可能」上面時，實際上就已經邁出了關鍵的一步，就獲得了一種能量，一種自我突破的能量，也許「不可能」真的就變成「可能」了。

勇氣不足的人一旦遭遇挫敗，很容易喪失信心。心理學家曾用五條狗做過這樣一個實驗：他們把五條狗關在一個籠子中，

第七章　情緒梳理的底層邏輯

在籠子外放好食物，人拿著棍子站在籠門邊。開啟籠門，籠子中的狗雖然想出來，但看看拿棍子的人，都忍住沒有出來，最後一條狗忍受不了美食的誘惑試圖出來，籠門口的人用棍子擊打狗，逼迫出來的狗退了回去。這樣幾次後，當撤去守在籠門口的人，籠子中的狗也不再試圖出來，而且眼中露出恐懼的神色。

這個實驗提醒我們，在準備做某件事情前，要盡量考慮周全，對可能遇到的困難要有充分的應對準備，要盡量避免挫折，爭取成功，期間每一次小小的成功都是對自信心的強化。

幸福＝效用／期望

人人想要幸福，但顯然並不是人人都能獲得幸福。要想獲得幸福，還是應該從它的底層邏輯出發去尋找。

那麼，獲得幸福的底層邏輯是什麼呢？關於幸福，經濟學上有這樣一個簡單而有趣的公式：幸福＝效用／期望。

從這個公式看，要想提高幸福的指數，無非兩種途徑：要麼增大分子，也就是提高效用，要麼降低分母，就是降低期望。效用是指人們的欲望得到了滿足。雖然效用因人而異，不同的人對效用的要求是不同的，但一般情況下，每個人的效用

幸福＝效用／期望

是相對固定的，波動性不大。這樣，降低期望值，就是增加幸福感最行之有效的方式了。

舉例來說，如果你撿到了十塊錢，只想用這十塊錢吃碗白米飯，那麼你的期望值是 10，效用值也是 10，你的幸福感就是 100%。但是，如果你想去瑞士遊玩，去周遊世界，去澳門狂賭，你的期望值是 10 萬，甚至是 100 萬，那麼你的幸福感就變成了十萬分之十，甚至是百萬分之十，幸福感就變得微乎其微了。

由此看來，絕大多數人都完全可以獲得幸福。實際上，很多人之所以感到不幸福，並不是生活真的虧待了他們，而是他們對幸福的期望值太高，以至於忽略了幸福的本質。

這些人常常為自己找出一大堆不幸福的理由，什麼工作不好、薪資不高、伴侶不理想、孩子不爭氣，還有長相不優，沒別人家境好，老爸沒錢沒權等等，試圖將自己的不幸福都歸罪於老天的偏心、命運的不公。如果理性思考一下，就會發現這些理由都是欲望太高導致的，為什麼不想想自己有個穩定的工作，有個和諧的家庭，有個健康的身體等這些幸福的理由？

我們把幸福生活想像成自己希望的某種美好的形式，如果現實生活和自己預想的不一樣，就會感到生活不如意，自己不幸福。其實，有期望本身是好的，但如果你憧憬過度的話，那麼，那些期望就會變成一個個高高的門檻，把你阻隔在了幸福

第七章　情緒梳理的底層邏輯

的門外。

　　所以，我們需要重新對幸福定義，或重置幸福在內心的評價體系。比如：對另一半，只要他愛你，愛這個家，負責任，有擔當，那你就是幸福的；對孩子，只要他健康快樂，你就是幸福的；對老人，只要他們身體健康，心情愉快，你就是幸福的；對工作，只要有意義且薪酬能滿足生活所需，你就是幸福的；對同事，只要關係融洽，能互幫互助，你就是幸福的。

　　一位作家曾寫道：「我們曾如此渴望命運的波瀾，到最後才發現，人生最曼妙的風景，竟是內心的淡定與從容。我們曾如此期盼外界的認可，到最後才知道，世界是自己的，與他人毫無關係。」

　　幸福，原本就是自己內心的認定，你複雜，幸福就複雜；你簡單，幸福就簡單。

第八章
關係躍遷的底層邏輯

　　成功的要素之一就是懂得如何經營好自己的人際關係。

　　挖掘社交的底層邏輯,並進行自我審視,你就會明白,在處理複雜的人際關係過程中,究竟什麼才是我們最應該做的。

第八章　關係躍遷的底層邏輯

經營人脈圈，加快成功過程

很多富翁共有的一個特點你知道是什麼嗎？

《原來有錢人都這麼做：效法有錢人的理財術，學習富人的致富之道》(The Millionaire Next Door) 一書作者史坦利 (Thomas Stanley) 給出的說法是——「他們擁有一本厚厚的名片簿，或者直接說他們搭建人際網路的能力強大，這或許便是他們成功的主因。」

事實上，古今中外，純粹意義上的赤手空拳打天下，白手起家都是不存在的，也是不現實的。但凡成功之人必善於利用他人之力，他們的人脈圈越大，他們成功的速度就越快。

如果你還在通往成功的路上艱苦跋涉，那麼，不妨停下來先查一查自己的「人脈存摺」。它應該是非常豐富的，其中的「成員」最好上至政界名流，下至平民百姓都要有；他們的來源也要四面八方——有同學，有同袍，有同事，有鄰居，有客戶，有朋友介紹的，有聚會認識的……總之，來源是多個管道的。如果你發現自己的人脈成員非常單一，要麼大部分是同學，要麼大部分是同袍，要麼大部分是同事，則說明你的人脈網是單一的，要從現在開始為自己存一張豐富的「人脈存摺」，而且勢在必行。

為此，你要提高你的「曝光率」，可以適當參加各式團體活

動，如 EMBA、旅遊團、健身俱樂部等團體，這些都是把自己推銷給別人的好管道，也是結交朋友的好機會。專門從事人力資源培訓的企業家表示，最初，她是為了拓展人脈而參加人力資源協會的。

雖然當時她只是會員服務組裡一個毫不起眼的組員，但隨著與其他成員的熟悉，她結交了很多朋友，知名度不斷擴大，後來當上了人力資源協會的主席。短短 3 年的時間，她的月薪從五萬元升至幾十萬元。

你還可以設法互換人脈資源。你有一個橘子，我也有一個橘子，彼此交換，還是各有一個橘子，但是，倘若你有一種思想，我有一種思想，彼此交流思想，那麼雙方就各有兩種思想。你有一個非常好的人脈關係網，我也有一個非常好的人脈關係網，如果我們互相交換，那麼你就有兩個人脈關係網，而我也擁有兩個人脈關係網。

所以，多與別人交換人脈資源是擴展人脈資源非常有效的方法。

還要懂得藉助網路的力量。網路值得我們每一個人重視和利用，可以透過社群平臺等讓別人留意到你，這可能會給你帶來意想不到的發展契機。一位哈佛大學的學子說：「我曾在部落格上看到一篇優美的文章，便情不自禁地寫了一篇文學評論，這樣就與部落客建立了良好的關係。後來，我們見面才得知，

第八章 關係躍遷的底層邏輯

原來該部落客是自己一直嚮往的公司的老闆。在這樣一個機緣下，我順利進入了那家公司。」

總之，你要盡可能去結交更多的人，你結交的人越多，那麼你的人脈中那個可能改變你命運的人出現的可能性就越大。

當然，學會擴充人脈網路的同時，更要懂得如何維護和管理。

這裡提供幾個「小成本」管理建議，不妨一試：

1. 建立檔案。當《紐約時報》記者問美國前總統柯林頓是如何維護自己的政治關係網時，他回答道：「每天晚上睡覺前，我會在一張卡片上列出我當天連繫過的每一個人，註明重要細節、時間、會晤地點以及與此相關的一些資訊，然後輸入我的關係網絡資料庫。我就是透過這樣的方式結交了很多朋友，這些年來這些朋友幫了我很多忙。」

2. 保持連繫。保持連繫是維持感情的前提。你可以記下那些對朋友們來說至關重要的日子，比如生日或週年慶祝日等。在這些特別的日子裡準時和他們通話，哪怕只是給他們發個訊息，他們也會高興萬分，並由此對你增加好感。

3. 巧用人情。人只要互相接觸就可能產生情分，這情分就是人情。人情好比銀行存款，存的越多，可領出來的錢就越多，存的越少，可領出來的也就越少。

其實，生活當中你所認識的每一個人都有可能成為你生命

中的貴人，成為你事業發展的助推器。如果你能在平時注意累積和培養自己的人脈圈、朋友圈，多結交一些人，那麼這些人就有可能幫助你在事業發展上取得成功。

先讓自己變得值錢

我們都知道，「股神」巴菲特是享譽全球的著名投資人，自 2000 年起，巴菲特每年拍賣一次與他共享午餐的機會，並把拍賣收入捐給美國慈善機構格萊德基金會，用於幫助舊金山地區的窮人和無家可歸者。這項競拍最低得標價格為 2001 年的 1.8 萬美元，最高價為 2011 年的 262 萬美元。

為什麼有人會甘願花數百萬美元購買一個和人共進午餐的機會呢？只因為這個人是「股神」巴菲特，因為「股神」巴菲特的話很值錢。

人們普遍相信「近朱者赤，近墨者黑」。和勤奮的人在一起，就不會懶惰；和積極的人在一起，就不會消沉；與智者同行，就會不同凡響；與高人為伍，就能登上巔峰。所以，才有人甘願為一頓午餐花費幾百萬美元。

事情的一個真相是，並不是你認識什麼樣的人，就會變成什麼樣的人，而是你能創造什麼樣的價值，就會認識什麼樣的人。

第八章　關係躍遷的底層邏輯

《新約‧馬太福音》(*Gospel of Matthew*)中有這樣一個故事：一個國王遠行前，給三個僕人每人一錠銀子，吩咐他們：「你們去做生意，等我回來時，再來見我。」國王回來時，第一個僕人說：「主人，你交給我的一錠銀子，我用它已賺了10錠。」國王獎勵了他10座城邑。第二個僕人報告：「主人，我用你給我的一錠銀子，賺了5錠。」國王獎勵了他5座城邑。第三個僕人報告：「主人，你給我的一錠銀子，我一直包在毛巾裡，我怕丟失，一直沒有拿出來。」國王命他將那錠銀子給了第一個僕人，並且說：「凡是少的，就連他所有的，也要奪過來。凡是多的，還要給他，叫他多多益善。」

這是一個著名的心理學效應，叫「馬太效應」。它的寓意是貧者越貧，富者越富。

這些看似不合理的現象，其實是合乎邏輯的。想想現實生活中，人們是不是對你作出一定的身分判斷後，才會給予你相應的對待？那些看上去「有身分」、「有地位」的人，通常會得到更多的優待，除了在態度上受到尊敬、重視外，還會獲得更多的信任、機會或者更高的待遇。一位知名的演講家私下裡對朋友說：「你知道嗎，成功之前我經常發表我現在發表的演說，但是沒人聽我講，他們甚至嘲笑我的一些富有遠見的觀點，而現在他們聽我講了。那些過去完全不理會我講話的人，現在總是贊同我的觀點。」

先讓自己變得值錢

這件事告訴我們，要想認識和結交更多優秀的人，得到更多的認可，必須先讓自己變得「值錢」，能夠「配得上」這些資源，像上文中與巴菲特吃午餐的人，別忽略了，獲得這個機會的人，本身得是能拿得出數百萬美元的人。

這不是趨炎附勢，這是社會發展的一個客觀規律的體現。畢竟要考察一個尚未得到社會認可的人，要花費很多精力和冒一定的風險，而如果對方是已經有所小成的人，那麼一定程度上，則降低了風險。人們當然願意和成功者交往了。這不也正是絕大多數人的真實想法嗎？

人脈的本質是利益互換，是雙方的雙贏，而不是單方的消耗。

石油大王哈特出生於一個貧窮的家庭，沒有接受過幾年正規學校教育。成年後的哈特去了城裡，他想在城裡找一份工作，可是由於沒有文憑，找工作時受了不少白眼。傷心的哈特給當時有名的銀行家羅斯寫了一封信，希望得到對方的幫助。

幾天後，羅斯回信了。可是在回信中，羅斯並沒有對哈特表示同情，而只是講了一個關於一條沒有魚鰾的魚的故事。那天晚上，哈特躺在旅館的床上一直想著羅斯的信。天亮時，哈特作出了一個改變他一生命運的決定。他跟旅館的老闆說：只要給一碗飯吃，他就可以留下來當服務生，一分錢薪資都不要。旅館老闆很高興地留下了他。10年後，哈特透過自己的努

第八章　關係躍遷的底層邏輯

力取得了成功，擁有了令全美國人羨慕的財富，並且娶了銀行家羅斯的女兒。

現實生活中，我們可能也會有機會接觸到一些成功人士，不過如果你費盡心思與這些「大人物」拍照合影、互留社群帳號，就自以為與他們締結了友情，建立了連繫，能夠得到他們的幫助，那只能說你想多了。哈特的成功，歸根到底是他自己努力的結果。當你沒錢、沒資源、沒背景的時候，唯有透過努力獲得實力。當你足夠優秀時，讚美、認可、資源……一切你想要的東西，才會紛至沓來。

當然，這種被需要不僅是物質上的，還可以是情感上、精神上的，只要你成為他人眼中不可替代的存在，那你就有成功的機會了。

「利他」是利己的底層邏輯

由於人性中自私本性的作祟，我們做一件事時，習慣思維是先利己。這是可以理解的，一定程度上也是無可厚非的。不過，這不代表它是正確的，也不代表它會取得好的結果。從整體來看，即使它可能幫助你短時間內獲取一定的利益，這種成功也無法長期維持。

「利他」是利己的底層邏輯

因為利己的同時,往往忽視了他人的利益,將他人推到了對立的位置,最後往往損人不利己。

實際上,真正的利己,是以利他為起點的。當我們將利他放在第一位,把利己放在第二位時,會發現以利他思維為基礎的體系,內耗非常小,更容易凝聚大家的力量,就像一位哈佛大學教授常對他的學生說的:「要想得到我們想要的東西,我們必須先給予別人想要的東西,只有這樣,我們才能互惠共生,達到雙贏」。

這其實說的就是心理學上的「互惠效應」或「互惠原則」。一名大學教授曾做過一個小小的實驗:他郵寄給一群素不相識的人聖誕卡片。雖然他猜想會有一些回音,但隨後所發生的事情還是大大出乎他的意料——那些素未謀面的人回寄的節日賀卡,像雪片似的飛來。事後調查證明,大部分給他回贈卡片的人根本就沒有想過去打聽一下那個給他們郵寄卡片的教授是誰,而是收到卡片,就自動回了一張。這個實驗一定程度上證明了這一心理學效應。

「愛出者愛返,福往者福來。」你對別人怎樣,別人就會怎樣對你。人與人的來往,講究的是禮尚往來,幫助別人其實就是幫助自己。這就是利他即利己的道理。

利他,尤其是在當我們不求對方回報時,更易發揮出效應。這種情況下,實際上是將對方置於一種焦急的心理狀態之

第八章　關係躍遷的底層邏輯

中——他們想盡快回報你的好意。這種情況下，如果你想求對方辦事或者有什麼要求，此時提出來會有極高的成功機率，因為在此時的心理狀態下，對方會希望能盡快為你做些什麼，當然不會斷然拒絕你的要求了。

從這種意義上來看，我們應該在日常工作和生活中，力所能及地多給予別人一些幫助，這樣就會在自己需要時多一些助力。晚清「紅頂商人」胡雪巖深諳此道，平時他從不吝惜銀子，甚至到了有「求」必應的地步。時任浙江藩司的麟桂調任江寧藩司，臨走時在浙江虧空的兩萬多兩銀子需要填補，又一時籌不到錢，便找到胡雪巖請他幫助。胡雪巖十分爽快地應承下來，以至麟桂派去和胡雪巖相商的親信也感動不已，稱胡雪巖實在「有肝膽」、「夠朋友」，讓他趁麟桂此時還沒有卸任，有什麼要求儘管提出來，反正惠而不費。胡雪巖沒有提出任何索取回報的要求，只是希望麟桂到任之後，如果有江寧方面與浙江方面的公款往來，能夠指定由他的阜康票號代理。這一點點要求，對於掌管一方財政的藩司來說，自然是不費吹灰之力。

事實證明，胡雪巖的投資是非常值得的，最終他從這個「投資」中獲得了極高的回報。

可見，「利他」，就是最高境界的「利己」。現實生活中，處理工作、家庭、休閒娛樂等各方面的問題，都可以應用這個「原理」。比如，想和一個人交朋友，可以找機會請對方吃飯，讓

對方感知到你的友善，也使對方欠了你一頓飯的情，正常情況下，對方會找機會回請你，這樣就增加了交往。再比如，假設你的同事要去一個你熟悉的地方出差，你可以將你了解的包括飯店、飯店、當地的景點以及風土人情等情況製作一份建議書給你的同事，相信你的同事對你的這份心意必然心存感激。

只知索取不知回報的人畢竟是少數，多數人都秉持「投桃報李」、「來而不往非禮也」的想法，自覺和不自覺地保持著付出與索取的平衡。如果你幫助了其他人，你也多半會得到對方的幫助，而且你幫助的人越多，獲得的回報也會越多，正如印度諺語所說：「幫助你的兄弟過河吧！瞧，你自己不也過來了嗎？」

有邊界感，是對自己和他人的尊重

幾乎所有的動物都有領地意識，大到獅子、老虎，小到老鼠、昆蟲都有這種意識、行為。比如狗在住處四周撒尿，就是領地意識的體現，透過這個行為警告別的狗不要越界，若哪隻狗貿然闖了進來，「主人」便會汪汪大叫著上前將其趕走。

其實人類也有這種意識，只是和動物表現方式不同罷了。與人交往時，我們是不是都有這樣的體會：必須與他人保持一定的空間距離才會感到舒服。如果對方踰越了這個距離，我們

第八章　關係躍遷的底層邏輯

就會感到不自在。這其實就是人的「領地意識」最直觀的表現。

人類的領地意識，其實就是邊界感、分寸感。邊界感的本質，是對所有權的認知。簡單說就是你要知道，什麼是你的，什麼是他的，邊界在哪裡，說話和做事要在一定範圍內進行，如果要越過「邊界」，需要先徵求對方的同意。

除了物理上能看得見、摸得著的邊界，還有心理上的邊界，很多時候，我們更在意的是心理層面的邊界感。現實生活中，大家往往分得清楚物品的所有權，但對如時間、隱私、權利……這些無形東西的所有權，很多人的邊界感卻不是很明晰。比如，很多父母打著「關心」的旗號，過多參與新婚夫妻的小家庭事務。有些男生在追求女生的時候，死纏爛打，做出一些自以為高明的事，希望透過自我感動式的付出，換取對方回饋好感的控制權，這也是邊界感不清晰的表現。

俄羅斯作家邦達列夫（Yuri Bondarev）說：「人類一切痛苦的根源，都源於缺乏邊界感。」世間所有美好的關係，實際上都是建立在界限感基礎上的。

很多讓人不舒服的舉動，通常都是因為對方越了界。一段健康的關係，就是別人不侵犯自己邊界，自己也不去侵犯別人的邊界。所以，我們要時刻提醒自己不要侵犯別人的邊界。這是一個成年人應有的基本修養。

邊界感，不是虛假做作，而是對自己和他人的一種尊重。

> 有邊界感，是對自己和他人的尊重

邊界感還是對人的一種保護，讓人的心理處於舒適的狀態。一部影劇中有一個片段：出來倒垃圾的小美，碰到了心事重重的安迪。她看出安迪心情不好，想關心又怕觸及痛處，於是輕輕問了一句：「你需要我嗎？」就是這樣一句很簡單的問話，讓安迪感到貼心的溫暖。

有邊界感的關心，有誠意，也能留有餘地，讓朋友在感受到關心和溫暖的同時，又不會有心理負擔。

但是，現實生活中，很多人常常是守住了自己的邊界，卻時常侵犯別人的邊界。比如，工作一年回家，周圍的親朋友鄰，找機會就問為什麼不結婚，怎麼還不生孩子，一個月賺多少錢……熱情過了頭其實就是不識趣，是在以好心好意的名義綁架別人。國外網路上有一句話很流行：「你在教我做事？」足以證明大家對愛說教、愛評價他人的人有多反感。同事買了一件新衣服，沒問你的意見你就主動評價（尤其是帶有批評性或建議性的評價），往往會讓對方認為你沒有邊界感，即便你們很熟悉。

再親密的關係，都應該保持距離和分寸。凡事越界就失去了準則，好事也有可能變成了壞事，很美的事情也有可能變得不美了。「己所不欲，勿施於人」，不為難自己，也不勉強他人，這樣才是最好的狀態。

第八章　關係躍遷的底層邏輯

建立回報思維，做可靠的人

網路上曾經有人問：對一個可靠的人的最高評價是什麼？

點讚最高的一個回覆是：「凡事有交代，件件有著落，事事有回音。」

我想它之所以會引起大家強烈的共鳴，大概是因為我們身邊有太多不可靠的人吧。比如，你約對方晚上七點到某餐廳吃飯，時間到了，對方既不出現，也不打電話說明情況，半小時之後你連繫對方，才得知對方在加班；再比如，你交代下屬做某項工作，可是在執行過程中，下屬不和你溝通進展情況，有問題也不回饋，直到最後無法進行下去了，才來說明情況。與這類人交往，除了讓人發出「這人太不可靠」的感慨外，剩下的就是敬而遠之了。

而他們之所以「不可靠」，一個重要原因是缺乏回報思維，即完成一項工作或處理一項事情，不管執行效果如何，都要及時將結果回饋給發起人。

但回報思維，可不是簡單的做事有始有終，它強調的是主動回饋。

舉個例子：一名軟體開發工程師接受的任務是在本週五下班前提交一項系統開發測試的各項數據資料。如果在週五快下班時，他既沒有完成測試，也沒跟任何人說明情況，就下班走

了的話,那他做事一定沒有回報,這毋庸置疑。

如果他經過分析計算,判斷週五下班前無法提供測試數據,但週末加兩天班,則會完成測試,並提供相關數據,而且他也的確這麼做了,並在週日晚上十點將測得的數據透過郵件發送給上司。請問,這種情況他實現回報了嗎?

這種情況下,他依然沒有實現回報。回報思維要求的是及時回饋,同步進度。即使把「事情解決」了,但回饋不及時,也已經破壞了回報原則。另外,他也並沒有確認上司收到了郵件,他應該要確認上司收到郵件,才算實現最終的回報。正確的做法應該是,發完郵件後,再透過電話或簡訊告知上司,確定上司已經知悉,才算真正回報完成。

回報思維,會讓你做事變得主動,更有擔當精神和主角意識,最終讓別人覺得你是個值得信賴和可靠的人,從而願意與你交往,也願意把重要的工作交給你負責。

如果你不是這樣的人,就要從現在開始養成做事回報的習慣。

首先,要建立做事回報的意識。因為只有從意識層面真正認識到回報思維的好處和必要性,你才會主動去培養和建構這種意識。

這是從「知道」變成「做到」的必經路徑。

其次,要採取積極的行動。習慣是需要養成的,短時間內你很大機率依舊還會不自覺依照舊習慣做事,想不起來要回報。開

第八章 關係躍遷的底層邏輯

始時你可以利用一些工具來提醒自己做事要回報。比如，每次接到任務，就開啟手機日曆，設定日程，讓手機在設定的時間（例如：提前一天、提前一小時、提前三十分鐘、提前十五分鐘）提醒自己及時回饋。

使用這樣的小技巧，有意識地練習回報做事，直到形成習慣。

最後，培養同理心。如果你凡事都能設身處地為他人著想，那麼建立回報思維就不是一件難事。如果你是邀請方，對方爽約又不連繫你，你一定很著急，甚至煩躁。有了這樣的體會，當你是受邀方，在無法赴約的時候，就知道該怎麼辦了。

好感會帶來好感

我們常常費盡心力研究如何獲得他人的好感，學習各種說話技巧嘗試去贏得人心，但往往效果甚微。我們說什麼，怎麼說，什麼時間說，什麼場合說，對什麼人說，這裡面有著大學問。期待用一種或幾種談話技巧打動所有人，無疑是把這件事情想得過於簡單了。

雖然說千人千面，但人的本性卻是有共性的。其中一個共性就是：人往往會把自己當成「世界」的中心，把自己的標準作為衡量一切的標準。人的這種本性決定了，當人們發現一個

好感會帶來好感

人喜歡自己，不管對方客觀情況如何，往往也會對對方產生好感，也就是好感會帶來好感。

心理學家曾做了這樣一個有趣的實驗：他們安排互不相識的受試者（接受測試的對象），兩兩為一組（其中一名「受試者」是研究者故意安排的「假受試者」）參加一系列合作性的活動。活動結束後，請「假受試者」當面評價他的合作夥伴（「真受試者」），或誇獎，或抱怨，或先褒後貶，或先貶後褒。然後，讓「真受試者」選擇下一次活動的合作者。結果發現，受到表揚的「真受試者」，往往多選擇以前的合作夥伴，而受到抱怨和批評的「真受試者」，則往往拒絕與原來的搭檔再合作。

心理學上對此的解釋是，任何人都有保持自己心理平衡的傾向，都有要求自身和他人的關係保持某種適當性、合理性的心理，並根據這種適當性、合理性使自己的行為以及和別人的關係得到調整。

這樣，當別人對其他人做出一個友好舉動或行為，表示接納和支持時，對方會感到「應該」對別人報以相應的友好應答。這種「應該」的意識，會使人產生一種心理壓力，「迫使」其也表示出相應的舉動或行為。否則，人的行為就是不合理、不適當的，就會妨礙自己以某種觀念為基礎的心理平衡。

除了這種「善意回報」心理之外，還因為喜歡我們的人會使我們感受到愉悅。只要一想起對方，同時就會想起和他們交往

第八章　關係躍遷的底層邏輯

時所擁有的快樂，進而心情愉悅起來。更重要的是，那些表達友善的人，使接受一方受尊重的需要得到了極大的滿足。

所以，如果你想讓你的「目標人物」對你有好感，不妨先讓對方知道：你對他有好印象。聞名世界的「金牌業務」喬‧傑拉德（Joe Girard）成功的祕訣之一，就是讓顧客喜歡他。為了讓顧客喜歡他，他經常去做一些看上去費力不討好的事情。比如，每一個節日他都會送給他的1.3萬名顧客每人一張問候的卡片，卡片的內容隨節日而變化（新年快樂、情人節快樂、感恩節快樂等等），卡片的正面永遠寫的是同一句話：「我喜歡你。」用他自己的話來說：「卡片上除此之外就沒有什麼別的東西了，我只是想告訴他們我喜歡他們。」

當然，由於個性的原因，這種直白的表達，並不是人人都願意使用或接受的。但不管如何表達，只要讓對方感受到你對他的好感，都會取得同樣的效果。你可以跟對方說：「我一向比較怕生，但是見到您，卻一點也不覺得拘謹。」、「見到您，覺得心裡很踏實。」透過這樣的話，把自己對對方的好感暗示給對方。只要對方不對你抱有成見，多半也會對你產生好感的。

此外，還可以暗示對對方所屬物品或相關細節感興趣，如可以說：「你的這個設計好特別」、「你的杯子看起來很精緻」等等，往往也會換來對方的好感。

再有，還可以把你對對方的好感和興趣，告訴相關第三方，

比如你們共同的朋友。一旦該資訊傳到對方耳中，相信對方對你的態度會變得更好。

正如非指導性治療法的創始人羅傑斯（Carl Rogers）所說：「心懷『無條件的好感』去面對對方吧！對方必會敞開心扉，對您懷有好感。」即使你面對的是一名看起來不友善的陌生人，在沒有證實對方是「不好的人」時，也要反覆在心中默想：「他是好人！」這種感覺不僅會消除自己的反感情緒，也會在不知不覺中感染對方，而對方變得看起來「友善」。相反，如果我們一直在想「真是個討厭的傢伙」，原本未懷敵意的對方極有可能就會真的如我們所想變成「討厭的人」，真的對我們懷起敵意來。

愛情的邏輯就是不講邏輯

有人說，邏輯是個筐，萬事萬物都能往裡裝。但是愛情卻是特殊的，它不合乎邏輯，這或許正是愛情的底層邏輯。

不管是旁觀者，還是親歷者，都常有這樣一個體驗：在愛情中，不能一味地靠講道理解決問題。伴侶之間的爭吵往往到最後分不清誰是對的一方，誰又是錯的一方，常常出現兩個人互相認錯的情景。

如果兩個人不管是大事小情非要分出個對錯，只會一錯再

第八章 關係躍遷的底層邏輯

錯,錯得一塌糊塗。正如英國婚姻問題專家塞繆爾‧強森(Samuel Johnson)博士所說:「如果哪一對夫婦試圖用理性的推理來處理家庭生活的每一件細小的事情,他們將是所有可憐蟲中最可憐的一對。」

但是,這世上哪有那麼多「相敬如賓」的另一半,柴米油鹽的生活中難免出現大大小小的問題,這時又該如何去做呢?

既然沒有邏輯可講,或者說無須講邏輯,那態度就比內容更重要了,比如用嗔怪代替責怪。丈夫吃飯的時候一不留神弄灑了菜湯。

如果妻子皺著眉頭說:「哦,你總是這樣,怎麼回事?就不能注意點!快去拿抹布擦乾!」那麼丈夫極有可能會不高興,即使他依妻子說的拿來抹布擦乾淨桌子了,他的心裡也會因此而不高興,甚至會一整天悶悶不樂。同樣的情景,如果妻子換一種口吻說:「親愛的,弄灑了吧,快點擦擦,這麼大人了,還跟個孩子似的。」那麼情形可能就不一樣了,丈夫會一邊嬉笑著一邊擦乾淨桌子,而且一整天都會心情舒暢。這就是不同態度帶來的不同結果。

如果兩人還是不可避免地出現了「家庭戰爭」,又當如何看待和處理呢?

其實這多半還是態度運用不當引發的,自然也可以用「態度」來解決。一項調查顯示:夫妻關係溝通中,個人的形象氣

質、善解人意的態度占了有效溝通的 68 分，聲音的柔和度占了 25 分，交談的內容僅占了 7 分。由此可以看出，在愛情或婚姻中，真的是不講邏輯，不講道理，講的是態度。

一個聰明的女人向朋友分享她的「取勝」經驗：「要是我錯了，吵過之後，看他還繃著臉，我就裝可愛，裝可憐，裝蠟筆小新、裝櫻桃小丸子，總之，就是死皮賴臉地往他身上黏。

這招屢試不爽！要是我有理，他錯了，我就擺一副後母臉，再適當賞他一些搭話的機會。他會十分誠懇地向我道歉，誠懇到我繃不住臉。」

總之，夫妻雙方，不管「理」在哪一方，都沒有必要非要「說清楚」。就像有人說的：「夫妻就像跳舞一樣，你進一步，我就退一步，不然就會踩到腳。」所以該讓步，一定要讓步。針尖對麥芒，非要講出一個道理來，久而久之，就會把感情「講沒了」。

《小王子》(*The Little Prince*) 中的狐狸說：「這就是我的祕密，它其實非常簡單：只有用心靈才能看清事物的本質，真正重要的東西是肉眼無法看到的。」愛情不正是這樣嗎？用心去感受愛，而不是用你的邏輯去證明愛，這就是愛情的本質祕密。

第八章 關係躍遷的底層邏輯

第九章
重建底層邏輯的五條實作法則

　　過去你是什麼樣的人已無關緊要,重要的是現在你想成為什麼樣的人。重新建構你人生的底層邏輯,時刻保持正確的思維模式,讓整個身心都充滿勇氣和智慧,也許,你就會轉入一種不一樣的精采人生。

第九章　重建底層邏輯的五條實作法則

ⅠⅠⅠⅠⅠⅠ 法則一：獨立思考，避免進入「回聲室」 ⅠⅠⅠⅠⅠⅠ

當你買了一件新衣服，很為它的獨特高興的時候，卻忽然發現滿大街都是同款式的衣服。在沒買之前，你並沒有發現有人穿這種款式的衣服。還有，即將結婚的人會發現滿大街都是花車；孕婦也會比常人看到更多的孕婦。這種現象叫「視網膜效應」，即當某人擁有一樣東西或一項特長時，就會比平常人更關注別人是否跟自己一樣擁有這樣東西或特長。

我們的思想也是這樣。在形成價值觀的過程中，每個人都傾向於向具有類似思維的人靠近。最終具有同類型思維的人會形成一個個團體。在這樣的每個團體中，成員的信念和觀點透過重複被強化（就好像回聲一樣），這讓他們很難聽到團體之外的聲音，更別說接受不同的觀點。這種現象被形象地比喻為「回聲室效應」。之前網路上有將國外一位校長支持的「填鴨式教育」，與一位大學教授支持的讓孩子成為一個普通人的教育觀對立起來，一個向左，一個向右，似乎不可調和。支持和反對的雙方都覺得自己才是正確的。這正是「回聲室效應」帶來的一個現象：團體意識的同質化和排他性，造成團體性的非理性認知。

作為一個特殊的「社會環境」，回聲室具有很強的封閉性，致使每個人的認知都很難「踰越」特定的回聲室的束縛。由於共鳴的原因，成員會感到身心輕鬆、舒適和充滿自信。但是，它

法則一：獨立思考，避免進入「回聲室」

的弊端也是顯而易見的，就是它「剝奪」了人獨立思考的能力，只聽到團體內的聲音。

走出回聲室，如同跳出舒適區，是一個痛苦的過程。但是一旦視野被開啟，思維與更多人碰撞出火花後，另一種美好也會出現，會發現自己看問題變得更理性、客觀，很多之前看起來無法解決的難題，現在再看似乎也沒有那麼牢不可破了，有一種豁然開朗、醍醐灌頂的感覺。那麼如何實現這一步的跨越呢？

首先，要努力打破慣性思維。人們發現問題、分析問題、解決問題往往都是依循原有的思維路徑（僵化思維）進行的。人們認識未知、解決未知，都是以已知或已知的組合、變換為階梯向前推進的。如能突破原來的僵化思維，更新原來的思維模式，優化原來的思維鏈，則可輕鬆開啟獨立思考的能力。

為此，要訓練自己用批判性的眼光觀察和分析事物。對自己所做的事，要經常以「疑問」的眼光審視，尤其是對於「想當然的事」，更要提出質疑。起初，你可能會覺得幼稚、可笑，但是你會漸漸發現這樣做的好處，就是你會發現你想問題更周全了，頭腦似乎更靈光了。

其次，要有在反對的聲音中堅持的勇氣。投資大師羅傑斯（Jim Rogers）給寶貝女兒的信中說：「不要讓別人影響妳。假如周遭的人都勸妳不要做某件事，甚至嘲笑妳根本不該這樣想，

第九章　重建底層邏輯的五條實作法則

妳就可以把這件事當作成功的指引向前推進。」「實驗科學」先驅者羅傑・培根（Roger Bacon）早在西元 13 世紀就提出，彩虹是由於雨水反射太陽光而形成的。這種觀點和當時大家普遍接受的觀點──天上的彩虹是上帝的手指在天空劃過的痕跡，是格格不入的。羅吉爾・培根這個不從眾的觀點讓他被關了 15 年黑牢。現在我們都知道誰是誰非了。

最後，要學會換個角度思考問題。一定程度上，「回聲室效應」是由於人們只從同一角度思考問題所造成的，如果能換個角度考慮問題，情況或許就會改觀。

我們可以從三個方面、六個視角來嘗試轉變思考問題的模式。

三個方面包括：情感互換、換位思考、包容理解。情感互換，即要設身處地體驗對方的真實心境，了解他的喜怒哀樂。換位思考，就是嘗試站在對方的角度理解他的觀念，體察他的所思所想，以及他的邏輯思維方式。包容理解，是指要盡可能站在公正的立場，理解對方的想法和行為，包容他的缺點與過錯。

六個視角包括：主觀視角、客觀視角、相關視角、發展視角、積極視角和結果導向視角。

主觀視角，即自己的視角，了解自己內心深處最真實的想法和感受。客觀視角，即第三者視角，了解其他人是如何看待相關問題的。相關視角，即事件相關人視角，因為相關人與

事情有某種關聯，所以他看問題的視角有一定的參考價值和意義。發展視角，即用發展的視角審視事件的前因後果。積極視角，即從事情發展的良好方面去審視和解讀問題。結果導向視角，即帶著「問題已經解決」的心態去思考眼前的問題。

如果能做到上述幾點，就可以讓自己從「回聲室」中走出來，學會獨立思考，不再人云亦云，不再是烏合之眾，看問題也能透過表面看到本質，最終提高自己的判斷力。

法則二：用「思維模型」解讀世界

遇到一個問題時，針對結果尋求解決之道，是最常見的解決問題的方式和路徑。但是，優秀的人另有一套模式，他們會運用一些「模型」，將思維能力進行二次提升，使那些看起來紛繁複雜的事情變得有序化、簡單化，使難題不再牢不可破。

這裡的「模型」，指的是投資家查理‧蒙格的「多元思維模型」。

查理‧蒙格曾說了下面這段富有深意的話：

「長久以來，我堅信存在某個系統──幾乎所有聰明人都能掌握的系統，它比絕大多數人用的系統管用。你需要做的是在你的頭腦裡形成一種思維模型的複式框架。有了那個系統之

第九章　重建底層邏輯的五條實作法則

後，你就能逐漸提高對事物的認知。為此，你必須知道重要學科的重要理論，並經常使用它們 —— 要全部都用上，而不是只用幾種。大多數人都只使用學過的一個學科的思維模型，比如說你學的是經濟學，你就試圖用其中的一種理論來解讀所有問題。

我告訴你，這是處理問題的一種笨辦法。你必須在頭腦中擁有一些思維模型，而且要依靠這些模型組成的框架來『安排』你的經驗，包括間接經驗和直接經驗，然後用它們解決問題。

你也許已經注意到，有些學生試圖死記硬背，以此來應付考試。他們在學校中是失敗者，在生活中也是失敗者。你必須把『經驗』懸掛在頭腦中的一個由許多思維模型組成的框架上。」

我們可以將查理・蒙格這個「多元思維模型」比喻成安裝在我們頭腦中的諸多個App，對這諸多個App，我們可以隨時拿來就用，以幫助我們更好、更快速地解釋、解決以及預測問題。

曾經，美國軍方要求降落傘業者生產的降落傘必須百分之百合格。負責人說他們竭盡全力了，99.9% 合格率已是極限，除非出現奇蹟。於是軍方就改變了驗收標準：每次交貨前，隨機挑選幾個降落傘，讓負責人親自跳傘檢測。此後，奇蹟真的出現了，降落傘的合格率達到了百分之百。

這其實就是為什麼我們會說：普通人改變結果，而優秀的

人改變模型。任何問題都有解決的辦法,當一個問題看似無解,不知從何處著手解決時,我們需要開啟對應的「思維模型」的開關,改變自己理解這個問題的模式。許多情況下,事情可能馬上就會柳暗花明。比如,我們要設定工作目標時,可以開啟一個名為「SMART」

(S = Specific 具體的、M = Measurable 可衡量的、A = Attainable 可達成的、R = Relevant 相關的、T = Time-bound 有時間限定的) 的思維模型,用它來設定清晰、詳細可執行的目標。

我們常說「心想事成」,如果只是「心想」,是無論如何都不夠的。當你日復一日、年復一年,做的事情幾乎跟過去一樣,甚至只是上一年的重複,哪來的「事成」呢?要想讓結果獲得滿意的改變,把關注點和著力點放在結果本身是沒用的,因為確保良好結果的往往是科學的流程、科學的系統和科學的模型。其實,職場中總是不乏「頭腦清醒」的人,他們做事的思路與眾不同,同樣的工作,當你還在愁眉苦臉思索時,人家已經雲淡風輕地收工了。

你若想像他們一樣把頭腦中的「多元思維模型」運用自如,你首先就要了解這些重要的思維模型,熟悉它們並且不斷實踐。比如:

帕金森時間定律:一份工作所需要的資源與工作本身並沒有太大的關係;一件事情被膨脹出來的重要性和複雜性,與完

成這件事花的時間成正比。

彼得原理：在各種組織中，由於習慣於對在某個等級上稱職的人員進行晉升提拔，因而雇員總是趨向於被晉升到其不稱職的地位。

沉沒成本：已經發生或無法回收的成本支出，對現有決策而言是不可控成本，不會影響當前行為或未來決策。

只要可以幫助你觀察和解讀世界，任何一種思維模型都應該成為你學習的對象。事實上，你頭腦中擁有的思維模型越多，你就越能作出正確的決策。當你遇到具體問題的時候，你可以瀏覽一下自己的「學習清單」，看看有沒有可以應用的思維模型，用它們去實踐、反覆練習。思維模型一旦扎根在你的頭腦中，也就成了可以直接拿來使用的 App。

法則三：提升自我暗示的積極影響

自我意識有兩種，一種是潛意識，一種是顯意識。潛意識是一種主體自身不知不覺的內心意識活動，常表現為本能的欲望和衝動，它深藏於我們內心深處，屬於非理性意識。而顯意識則是受到有目的控制的意識，常表現為人們能動的認知、主動的思慮以及目的性明顯的思維活動。

法則三：提升自我暗示的積極影響

但遺憾的是，自我意識中那個理想的、積極的「自我形象」，並不是總能指導和主宰我們的行為。因為它常常會受到另一個消極的、瞬息萬變的「自我形象」的干擾。前者不怕困難，勇往直前，而後者遇事退縮，自卑畏難。

這兩個截然相反的自我意識，其實有一個共同的源頭，那就是──自我暗示。自我暗示是人類獨有的心理活動，是人的心理活動中意識思想的發生部分與潛意識的行動部分之間的溝通媒介。它是一種啟示、提醒和指令，它會告訴你注意什麼、追求什麼、致力於什麼和怎樣行動，簡單說就是它能支配和影響你的行為。

下面我們來看看自我暗示在這個年輕人身上「導演」了什麼：

有一名看起來非常沮喪的年輕人來找諮商專家。他自稱是一名人壽保險業務員，曾經在第一年中屢創紀錄，但是之後情況卻變得很糟糕──他的支出在增加，但是收入卻在減少。他發現自己陷入困境：愈需要多賺錢，愈賺不到；愈想要促成生意，愈無法成交。

他說：「這到底是因為什麼呢？我甚至乞求別人照顧我的生意！我是多麼想成交！我想我沒有希望了！」

諮商專家很快找到了問題所在，他要這位年輕人盡量往好的方面去想，要使自己深信「即使現在情況很糟，但是未來卻是充滿希望的。」還有「我的能力很強，是完全勝任現在工作

第九章　重建底層邏輯的五條實作法則

的，只是最近運氣有點差」、「我的野心很大」、「我的機會很多」等等。

事情的結果令人十分驚異。在此後不到一週的時間內，這個年輕人的境況得到了極大的扭轉，接連成交了幾單生意，賺個盆滿缽滿。

幾個月後，這個年輕人又來了。「我給你看一件東西。」他對諮商專家說。他邊說邊開啟公事包，取出一件用報紙包裹的東西，說：

「請看看在我辦公室中，我用鏡框鑲起來的是什麼？」原來他用鏡框鑲起來一個條幅，條幅上面寫了一些文字：「我很富裕；我的能力很強；我的野心很大；我的機會很多；我的家庭和諧溫馨。」

這就是自我暗示的力量，正是那些積極的自我暗示使這個年輕人走出困境，獲得成功。

自我暗示的力量真的有這麼神奇嗎？

一名心理專家曾說過這樣的話：「一個人完全可以運用心靈的力量，來決定自己的生死。如果選擇活下去，還可以決定要什麼樣的生活品質。」

第二次世界大戰期間，凶殘的德軍將一個戰俘蒙上雙眼，綁住四肢，揚言把他的血放光，然後在他的手腕處施加一點刺痛，隨後開啟水龍頭，一滴一滴地放水。水滴落下發出滴答的

法則三：提升自我暗示的積極影響

聲音。令人吃驚的事情發生了，過了不長時間，這個戰俘竟然真的死了。

這就是自我暗示的力量：耳聽血滴之聲，想著血液行將流盡——死亡的恐懼，導致腎上腺素急遽分泌，進而心功能衰竭，最終讓死亡降臨。

可以說，一個人的意識就像一片肥沃的土地，而自我暗示就是播撒在上面的種子。一個人可以經由積極的心理暗示，把成功的種子和創造性的思想「種」入意識；相反，也可以透過消極的暗示或破壞性的思想，使意識裡「野草叢生」。我們為自己的意識裡輸入什麼樣的心理暗示，就相應地受到什麼樣的影響。

因此，我們有必要將思想中那些消極的、陰暗的想法用積極陽光的、成功進取的想法來替換。由於我們的意識在同一時間只能執行一種思想，正面、陽光的思想占據了意識，消極、陰暗的思想就會慢慢衰弱、萎縮。

需要注意的是，這種積極的自我暗示需要不斷重複地進行，以鞏固、加深它的作用和影響，最終讓消極思想徹底消失在我們的意識中。這樣一來，我們看問題就不再消極、狹隘，而變得積極主動，有利於從深層次剖析和解決問題。

第九章　重建底層邏輯的五條實作法則

法則四：更迭有偏差的價值觀

有什麼樣的決定就會相應帶來什麼樣的命運，而主宰一個人作出不同決定的關鍵因素是這個人的價值觀。

簡單說，價值觀，是一個人價值取向、價值追求的另一表現形式，是一個人為人處世、解決問題所持觀念的核心。一個人的價值觀，是這個人判斷問題是非黑白的信念體系，能夠引導他追求和獲得想要的東西。

舉例來說，一個老師被外派去姊妹校同部門學習，學習一個月，回校之後，被提拔為主任，可是一個處處受制約的主任不符合這個老師的職業價值觀，於是，回校一個月後他選擇跳槽。幾年後，他辭去公職，自己創辦了一所學校，如今做校長已經很多年了，所創辦的學校在當地已經小有名氣。

促使這個老師作出跳槽、創業一系列抉擇的，正是他的價值觀。

他的價值觀決定了他的一系列行為。縱然在別人眼中已經是很不錯的職位和發展前景，但對他來說還是不符合他的價值觀，他要在更大的人生舞臺上實現自己的夢想，所以他選擇了辭職，選擇了創業。

生活中，我們經常遇到讓自己難以作出選擇的情況，其中的原因多半是某些情況或選項和我們的價值觀不相吻合，而我

法則四：更迭有偏差的價值觀

們對此不會太明晰，所以才遲遲作不出決定。

事實上，一切決定都扎根於清晰的價值觀。那些不會猶豫，通常能夠很快作出決定的人，往往都是清楚知道自己價值觀的人。比如物理學家愛因斯坦，一生醉心科學研究，厭惡追逐金錢，大額英鎊被他隨意當書籤，然後隨書丟了。在他看來，一個人的價值並不體現在他賺到的金錢中。當他來到普林斯頓高等科學研究所工作時，當局給了他豐厚的薪水──年薪16萬美元，而他卻說：「我不需要這麼多錢，3,000美元就夠了。」

遺憾的是，據調查，有93%的人不清楚自己的價值觀，他們不知道自己忙來忙去究竟追求的是什麼，如同水面上的浮萍一樣，糊里糊塗地過了一生。

我們每個人都應該靜下來問問自己：「每天忙來忙去，到底在忙什麼？我真正追求的是什麼？我要達到一個什麼樣的目標？」明晰自己的價值觀，然後依照自己的價值觀規劃人生，這對於我們的人生無疑有著重要的影響。社會心理學家馬斯洛（Abraham Maslow）說：「音樂家作曲，畫家作畫，詩人寫詩，如此方能心安理得。」當知道了自己的價值觀後，就能精準定位自己的作為，就能夠在匆忙的人群中找尋到自己的位置了，不會今天向東、明天向西，茫茫然卻不知所為。

既然價值觀正在悄悄影響和左右著我們的選擇和決策，那麼，我們就有必要好好審視和更新自己的價值觀。華人商界巨

第九章　重建底層邏輯的五條實作法則

摯李嘉誠曾說過：人們往往把不成功歸結於壞的運氣，其實，很多人的失敗是由他們錯誤的行為導致的，只是他們沒有注意到自己的錯誤而已。

我要說的是，他們之所以感覺不到自己的錯誤，是因為他們行為的背後有著錯誤的價值觀。他們往往誤把不正確的價值觀作為自己行為的基礎，要知道，這種錯誤的價值觀是不可能引導他們走向成功之路的。

在職場中頻繁跳槽的人中，有一類人，他們從來不曾認真為自己做一份詳細的職業規劃，也沒有歷經過廢寢忘食的奮鬥和永不言棄的堅持，他們只是頻繁跳槽，並總在抱怨：沒有碰到喜歡的工作，沒有碰到待遇好的公司，沒有碰到有伯樂慧眼的好老闆……實際上真正的原因在於他們錯誤的價值觀，他們不認同工作是一種自我價值的實現，只把工作當成謀生手段，哪裡給的薪資高，就去哪裡，哪裡待遇好，就奔向哪裡，什麼理想、價值、責任、擔當，通通不去考慮。

改變自己與改變自己的底層邏輯，當然不容易，但卻是必要的。

清晰了解自己的價值觀，看它們是怎麼塑造出今天的你，如果認定你現在的價值觀是好的、正向的，符合你的人生追求，那麼就堅持下去；反之，你的價值觀是消極的、有偏差的，就要考慮去改變、更新，只有這樣，才能讓你從深層次上把問題解決好。

法則五：做好時間管理，提升工作效率

不知道你有沒有意識到：在所有的資源中，只有時間不同於其他資源。它沒有彈性，找不到替代品來替代，而且永遠是短缺的。

它既不能停止，也不能保存。如果你不能管理好時間，要想管理好其他事情可以說是不可能的。縱觀那些取得大成就的人物的經歷，你會發現：他們都是優秀的時間管理大師。

有一類人，每天要處理很多事情，面對很多挑戰，卻總是能合理地分配時間和精力，把事情安排得妥妥當當，處理得有條不紊，在有限的時間裡創造出更高的價值。

還有一類人，雖然每天要處理的事情不多，但總是一副忙得不可開交的樣子，忙到最後可能還會感慨時間不夠用，最終工作上沒有大的進展，還把自己累成一攤泥。兩種截然不同的狀態，反映出來的是效率高低的問題，而效率的高低，又與對時間的掌控和管理息息相關。

如何做好時間管理，讓每一分每一秒都更有意義，在如今這個快節奏、講求效率的時代是十分重要的。

針對時間管理，一名商業諮商顧問提出了一個關鍵詞：時間顆粒度。

可以將時間顆粒度理解為一個人安排時間的基本單位。它

第九章　重建底層邏輯的五條實作法則

可以是年，也可以是月，還可以是天，甚至是小時或者分鐘。懂得時間管理的人，時間顆粒度是趨向細微的。某企業集團董事長的時間顆粒度大約是 15 分鐘，有些更忙的人將時間顆粒度甚至細化到 5 分鐘。

當然，時間顆粒度的大和小，並沒有絕對的好與壞。雖說更小的顆粒度往往可以在同樣的時間內有更多的產出，但是同時它也製造了焦慮和壓力，進而帶來一些負面的東西，給生活增添了不和諧因素。這反而與我們管理時間的初衷背道而馳了。

真正的時間管理，是讓我們的每一分每一秒都有意義，而不是將精力消耗在無謂中。事實上，當你意識到時間管理的重要性，你的時間顆粒度也多半會隨著你的自律性的增強而得到細化。

做好時間管理的一個重要前提是要做好心理準備。因為對自己進行嚴格的時間管理，從不自律到自律，是一個「痛苦」的過程。

我們每一個人的身體裡都有「懶惰基因」，許多人在最開始做時間管理時常會列出類似下面的計畫表：

6：00 至 6：30 起床盥洗

6：30 至 7：30 晨讀

7：30 至 8：30 鍛鍊，吃早餐

8：30 至 9：00 去上班的路上

法則五：做好時間管理，提升工作效率

9：00 至 12：00 工作、學習

可以說這樣的想法是沒有問題的，計畫也是周全的。如果能夠制定一個簡明有效的時間表，然後照著執行，對實現和加強時間管理自然是有幫助的，但問題在於：在實際執行過程中，可以堅持執行多長時間。事情往往是，想法是好的，計畫是周全的，但就是無法堅持下去，最終竹籃打水一場空。所以最初制定的目標適當寬鬆些，不要定得很高，要「跳一跳，搆得著」。

同時要努力提高自己的心理適應力。要知道，任何一種好習慣的養成，都需要強大的意志力。「想看日出，就必須守到拂曉。」任何美好的事物都不是信手拈來的，也不是一蹴而就的，更不是一帆風順的。它在痛苦的淚水中孕育，在忍耐的土壤裡生根，在等待的歲月中發芽，在堅守的季節裡開花。但只要堅持下去，早晚都會有實現的一天。

做好了時間管理，做事的效率也就自然而然得到了提高。而做事效率的提高客觀上證明了對事情的洞察力（看透事物本質的能力）和判斷力得到了增強，底層邏輯能力自然也提高了。

國家圖書館出版品預行編目資料

超越表象的邏輯，重建思維架構：從事物核心解析問題，為每一個難題找到最佳答案 / 慕白著. -- 第一版. -- 臺北市：沐燁文化事業有限公司, 2024.11
面； 公分
POD 版
ISBN 978-626-7557-67-9(平裝)
1.CST: 邏輯 2.CST: 思考 3.CST: 思維方法
176.4　　　113016041

超越表象的邏輯，重建思維架構：從事物核心解析問題，為每一個難題找到最佳答案

作　　者：慕白
發 行 人：黃振庭
出 版 者：沐燁文化事業有限公司
發 行 者：沐燁文化事業有限公司
E - m a i l：sonbookservice@gmail.com
粉 絲 頁：https://www.facebook.com/sonbookss/
網　　址：https://sonbook.net/
地　　址：台北市中正區重慶南路一段 61 號 8 樓
Rm. 815, 8F., No.61, Sec. 1, Chongqing S. Rd., Zhongzheng Dist., Taipei City 100, Taiwan
電　　話：(02) 2370-3310　　傳　　真：(02) 2388-1990
印　　刷：京峯數位服務有限公司
律師顧問：廣華律師事務所 張珮琦律師

-版權聲明-

本書版權為中國經濟出版社所有授權崧博出版事業有限公司獨家發行電子書及繁體書繁體字版。若有其他相關權利及授權需求請與本公司聯繫。
未經書面許可，不得複製、發行。

定　　價：299 元
發行日期：2024 年 11 月第一版
◎本書以 POD 印製
Design Assets from Freepik.com